活佛老師說

The Words of the Tulku Professor

巴麥欽哲仁波切
黃英傑博士——著
于蕙敏——文字整理

【感謝各界列名推薦】（依姓氏筆劃序）

Fabienne Jagou／法國遠東學院研究員

于蕙玲／中國信託投信總經理

王君／美洲中國文化醫藥大學校長

王彩樺／知名藝人

石安妮／前中視新聞駐紐約特派記者

朱延平／導演

李玉珍／政治大學宗教所副教授

李忠恕／璞園建築團隊董事長

李燕蕙／南華大學生死學系副教授

林秉憲／永興證券總經理

夏韻芬／理財專家

張雅誥／馬來西亞華人文化協會主席

張韶芹／大寶科技總經理

陳一標／佛光大學佛教學系主任

陳劍鍠／屏東教育大學中國語文學系

黃運喜／玄奘大學前文學院院長

楊宗愈／國立自然科學博物館副研究員

趙鴻鵬／掬月建設董事長

學愚／香港中文大學人間佛教研究中心主任

賴鼎銘／世新大學前校長

賴賢宗／台北大學中文系教授

謝永生／美國加州朔榮光電（Solamer Energy Inc.）總經理

顏尚文／中正大學歷史學系暨研究所兼任教授

〈序〉

法王序

巴麥欽哲仁波切這本書最大的貢獻是將佛法和年輕人的學習結合，這與修行的旨趣相符，因為法是遍在的。書中雖然沒有直接說法，佛法的精神已經融入大學生日常生活和課程中，幽默風趣淺白易懂，潛移默化影響了年輕人，這是非常善巧的方式。佛陀正法的宏揚，是需要更廣的視野和更多人對話，特別是年輕人，如此才能向下紮根、向未來延伸。

書中探討了台灣高等教育的發展、學習方法、人格養成、覺知教育等議題，也傳達了基本且重要的佛法精神，釐清許多一般人對佛法和西藏佛教的誤解，就佛法相關書籍來說，巴麥欽哲仁波切的新作，佛教徒或非佛教徒都能閱讀，並從中獲益。我深深地給予祝福，也期待他秉持直貢噶舉實修與饒益有情的傳統，對佛法事業有長久的貢獻。

直貢澈贊法王

二〇一四年十二月三十日

直貢澈贊法王　H.H Drikung Chetsang

འབྲི་གུང་སྐྱབས་མགོན་ཆེ་ཚང་།

法王序

巴麥欽哲仁波切這本書最大的貢獻是將佛法和年輕人的學習結合，這與修行的旨趣相符，因爲法是遍在的。書中雖然沒有直接說法，佛法的精神已經融入大學生日常生活和課程中，幽默風趣淺白易懂，潛移默化影響了年輕人，這是非常善巧的方式。佛陀正法的宏揚，是需要更廣的視野和更多人對話，特別是年輕人，如此才能向下紮根、向未來延伸。

書中探討了台灣高等教育的發展，學習方法，人格養成，覺知教育等議題，也傳達了基本且重要的佛法精神，釐清許多一般人對佛法和西藏佛教的誤解，就佛法相關書籍來說，巴麥欽哲仁波切的新作，佛教徒或非佛教徒都能閱讀，並從中獲益。我深深地給予祝福，也期待他秉持直貢噶舉實修與饒益有情的傳統，對佛法事業有長久的貢獻。

直貢澈贊法王

2014 年 12 月 30 日

4 F-3,NO.329,ZHONGXIAO EAST ROAD SECTION 4, DA-AN DISTRICT,106 TAIPEI CITY,TAIWAN.
D.K.INSTITUTE P.O.KULHAN SAHASTRADHARA ROAD 248013 DEHRA DUN UK INDIA
PHYANG MONASTERY,PHYANG,LEH,194101 LADAKH, J & K INDIA

〈序〉

從經師到人師

印象中，黃英傑教授是一位白淨、略帶一絲靦腆，溫文儒雅的謙謙君子。那年，他被直貢法王印證為巴麥欽哲仁波切轉世，華梵大學出現一位活佛，報紙多有刊載。抱歉的是，我對藏教並不太了解，無法提供任何具體的感想。

二〇一一年春節，黃教授請我帶他拜訪家師夢參老和尚，我們有比較近距離的接觸。老和尚在西藏學密十年，親近過夏巴仁波切和赤江仁波切。黃教授似乎早有準備，問了許多問題，看他飛舞著筆桿，記錄老和尚的開示，態度比一般大學生還認真。

在古晉居士佛教論壇遇到黃教授，他請我為他的新書寫序，這是一份榮譽，當時沒考慮便答應了。接到商周出版寄來《活佛老師說》的初稿，一口氣便閱讀了近百餘頁。書中描寫他與華梵學生的互動。我在華梵擔任校務工作十年整，自然心領神會，不覺莞爾。

黃教授的文學底子深厚，文筆流暢，如行雲流水。字裡行間，輕鬆活潑、幽默風趣，讀來於我心戚戚焉。今天台灣教育問題嚴重，社會問題層出不窮。華梵大學創辦人曉雲導師當年提倡「覺之教育」，強調人格與品德的重要性，把老師形容成校器，勉勵老師做經師，更要做人師。從本書中點點滴滴，看得出黃教授對學生的用心，確實符合創辦人期待的，一位華梵教師的特質與風範。

釋隆迅

華梵大學前校長 於聞性精舍

〈序〉

從躺椅到回家的路

黃英傑老師為他的新作《活佛老師說》邀筆者寫序，筆者感到誠惶誠恐。筆者對佛法仰慕已久，但說到修行，卻是個不折不扣的門外漢，實在沒有資格為被認證的巴麥欽哲仁波切寫序。所幸活佛老師明示，不同於他曾出版過的二十六本佛法的專著，本書算是一本「輕佛法書」，才讓筆者膽敢嘗試也寫這篇「輕序」。

如同黃老師在大學裡的教學方式，本書以生動活潑的文筆書寫，從當前大學教育談起，經由日常生活中各種現象，再談到佛法。佛法的部分，又特別著墨於藏傳佛教，澄清了許多人對藏傳佛教的疑問和誤解。

全書幽默而生活化的語言，無疑反映了仁波切的悲智與善巧，意在讓當代讀者，尤其是年輕學子，更容易親近佛法，也有機會瞭解到，佛法與現實生活非但不是涇渭分明，反而當全球化的世界轉動得越快，佛法越是忙碌紛亂中的一帖清涼。

執筆的于蕙敏小姐與筆者，是因對精神分析與佛法的共同興趣而有緣相識。她的一些提問，也刺激筆者有機會重新思索這兩個領域交會處的某些問題。筆者的正職是一名精神科專科醫師，因緣際會而投入台灣的精神分析推廣運動。臨床工作上，精神分析為筆者打開了無可取代的視野，得以嘗試更深入去瞭解人的內心世界，無論那是精神病人光怪陸離的幻覺妄想，或是心理治療個案幽微難解的潛意識心結。為此，筆者始終對走進筆者診療室的個案心存感激。

若干年前，台灣精神分析學會舉辦一場國際研討會，命名為「從躺椅到回家的路」。看似不經意的組合，事後卻在筆者心中激起無盡的漣漪。躺椅上的精神分析個案，在分析師的授意和允許下開始自由聯想，不受限地談著他的內心，為了各種人生的困頓或真實的情緒障礙、有時又或是沒什麼大問題，好像只為了更深入地瞭解自己。

談著談著，無可避免地總會回到自己生身之處的父母和家庭。成長的故事人人不同，常見的一個主題卻是希望找到與雙親更有意義的連結。反過來說，許多人揮之不去的心理困擾之一，正是在於無法擺平從小與父母的情感糾結。愛恨情仇，日積月累，剪不斷，理還亂，久而久之，每次的回家，每次與父母的重逢，都變成一件矛盾的事。年歲越長，回家的路卻越來越遠。無奈之餘，拖著疲憊的身心，他來到治療師的面前，躺下或坐下，想要弄清楚自己是怎樣迷路的，要怎樣，才能回家。

如果一個人正流連忘返於五光十色的花花世界，也許不懂這樣的心情。尤其對那些剛剛長大、人生正在起飛的的年輕學子，或許更難理解回家的路有何難行。然而筆者相信，看似豐富多彩的現代生活底下，許多人都有難掩的空虛失落，當受盡生活逆境的磨難之餘，想要回家的心情是無可避免的。問題是，回得去嗎？

精神分析為現代人提供了一條可能的回家之路，佛法，則是另一條路。筆者很贊同佛教中許多大德的比喻，六道眾生流浪生死苦海，長劫沉淪，正是名副其實地找不到回家的路。而佛法常提到如母眾生，也把我們在現世對母親的種種糾結情感擴大到對一切的眾生。佛陀不忍眾生受苦，說法四十九年，引領眾生回歸真心自性，可謂讓人回到內心真正的家鄉。這或許可說是精神分析與佛法的某個交會處。

當然，相較於超過兩千年的佛法，精神分析才一百年，只是個嬰兒。更重要的是，精神分析是世間法，佛法是出世間法，兩者從發心、見地到實踐方法，都不相同，這是不容混淆的。然而，就如活佛老師在本書中展現的，智慧與方便可以兼容並蓄，現代人的精神困擾也可能同時受益於佛法和精神分析，端視如何善巧地運用。

筆者很感動巴麥欽哲仁波切願意放下身段，從他與大學生日復一日的相處中，淬煉出點點滴滴的實踐智慧。衷心祈願更多的讀者可以因本書的接引，而更加瞭解自己在這個世界上的意義，也更加認識佛法。

劉佳昌
台灣精神分析學會前理事長

〈圖集〉

巴麥欽哲仁波切

欽哲傳承始於一位偉大的不分教派（利美運動）上師蔣揚欽哲旺波（一八二〇～一八九二），他的成就與證量不可思議。他圓寂後，因應眾生和弟子們殷切的祈請與需要，示現為多位轉世化身到不同的教派中去，其一便是轉世到直貢噶舉派的巴麥欽哲（意為轉世到巴麥寺的欽哲仁波切）。巴麥欽哲以其無上的修證成就，為十六世大寶法王頂戴之上師，生前曾預言他會有一位化身轉到漢地，本書作者便是被兩位法王指認為第三世巴麥欽哲仁波切。

巴麥欽哲仁波切（黃英傑博士）與上一世巴麥欽哲法像

仁波切與恩師直貢法王
黃重九攝

博士班第一名畢業代表致詞

宗教會議

仁波切與恩師薩迦法王

訪問韓國慶熙大學，參加學術會議

仁波切愛讀書

仁波切的親和力

日新國小演講後，與小學生無距離

至新竹尖石嘉興國小義興分校送暖

領眾朝五台山

風雨無阻地帶華梵大學學生上山學藝

與巴麥寺僧眾合影

於青海巴麥寺

上一世閉關關房曙光洞前

活佛陞座典禮

於華梵大學
陳明境攝

目錄

Part 2

活佛 也叛逆

——如果做輪迴順民的話，就永遠無法跳脫三界。

Part 3

佛法不思議

——所有的改變必然是從自己、從心開始，才有機會找到生命的究竟意義。

作者序

一個好位子

任何個別的天才，都無法獨撐時代頹勢，但透過教育喚起社會大眾的覺知，國家、時代就會有新希望。佛陀的度化，也是教育，廣開八萬四千堂課程讓眾生隨緣選修。老師教學生或活佛度世人，二者都是教育工作，正好都是我的「營業項目」。

我的爸爸媽媽很有眼光，從小就叫我阿寶，所以我的仁波切（人中寶）身分，爸媽早就認證了。雖然活佛未被早早尋獲，小時候沒在西藏寺廟的酥油燈下長伴古佛，而是和大家一樣在台灣升學主義的聯考制度中痛苦煎熬，但幸運的是，我很早就找到人生方向，在人生的起跑點上開始自我救度。

在學術界任教，原不在我的人生規劃中，或許是「上級」的指示，要我走進人群，就給活佛安排了老師這「最佳席位」。不只是教育，也不只是佛法，這就是最符合活佛老師「佛體工學」、坐起來姿勢最優雅的位子。

曾經，天主教輔仁大學一位修女語重心長地對我說：「現在學生的素質比你們那時候大幅下降！」當時我不大明白其中原委。我博士班開始到其他大學兼任講師，資深師長告訴我：「這年頭當老師要先自我心理建設，如果學生不理你的話，不代表你教得不好，這是時代的問題。」沒想到這些話在我執教之後通通應驗了。

不管在哪個學校教書，我經常想念賈伯斯，感謝賈伯斯，不是因為他和我很熟，或是他也和我一樣去過印度取經，而是因為他的發明給全球的老師們留下一絲顏面，學生們上課至少沒堂而皇之的趴著睡覺打呼。當然3C產品的誘惑力，也使學生的目光無法集中在老師身上。

其實也不能完全責怪孩子，大人也有責任。

政治的現實，使得長期規劃的政策變成空談，短視的政治市場導致百年大計的教育改革走調。一九九八虎年起就知道出生人口數出現問題，開始進入少子化海嘯的預警期，期待中的具體應變措施沒有出現，反而出現開放廣設大學，使台灣高等教育因擴張過度而問題叢生。

近年來各級學校有服務業化的現象，家長變成客戶，客戶的滿意度或多或少已成為教學品質的指標。那些不上課、不交作業的學生可以評量老師的教學，家長隨時可以撥打一九九九市長信箱，學校、老師要在一天內給客戶滿意的答覆。這些狀況，活佛也無言了。如果家庭功能失能，把學校教育神化也無法取代！想提升學生教育品質，家長也得再教育。

我贊成人人都有接受高等教育的權利和機會，但是，台灣高等教育的教學理念與評鑑的單一標準以及菁英思考模式，事實上不能兼顧中、後段程度學生的學習問題。與其讓這些學生花四年青春換取一張不實用的文憑，還不如磨練一技之長。這就像有司機的大老闆，不能了解機車族風吹雨淋日曬的辛苦，如果只憑大老闆的需求來規劃交通，肯定不能解決交通問題，畢竟騎車的比開車的多，這不是菁英獨活的世界。

當台灣高等教育治絲益棼，即將從「會呼吸就能上大學」版本升級到「會呼吸就能上國立大學」之際，真的應該好好思考一下，生命的意義不只存在僵化的考試成績中。智商高、語言數理邏輯能力強、考試成績傑出，不代表真的具有特殊優異的才能，人生絕對不是只有這些。老師說的你或許不相信，但活佛的開示你們一定得依教奉行。

我到台北某醫學大學交流時，驚訝地聽到學校輔導室報告，這群羨煞人的天之驕子們很不快樂。醫學系的學生認為，他們是沒考上第一志願才到這裡；牙醫系學生的不快樂，是因為沒考上醫學系才流落到此。依此類推，全校都不快樂。那考上第一志願的人快樂嗎？回顧一下被誤標為「人生勝利組」的同學曾經犯下的街頭殺人社會案件，你應該不能點頭說是；也不要忘記捷運殺人案那位「是我們家人」的大學生。

這個社會是人人相互依存的，缺乏人與人基本溝通能力的教育，或放棄任何一個人的教育，令人不快樂的教育，都可能對他者產生損害。缺乏情感方面的洞察力和表達力，是學生未來人生道路的阻礙；希望與感動，則是現在的大學生很欠缺的素質。這是現代教育失落的一個面向。我相信普世價值的愛和關懷，與宗教情操中的慈悲心和同理心，能彌補這個失落的環節，讓年輕人學會度過未來人生中的挫折與不順，珍惜自己和他人的生命，以及保有夢想不絕望。

我的書寫靈感，大部分來自任教最久的華梵大學，取材自華梵的教育理念。這所堪稱有靈魂的台灣最高學府（地理位置），給了我一個把「佛法」變「活法」的機會與場域。有一次出國，我在機場check in，空姐組長看到我的學校名片，特別幫我升等座位表示感激，因為她的孩子讀華梵之後改變很大。我非常肯定，我獲得的不只是一個旅途的好位子，還有一連串善的因緣在累積。

我也經常想起我的阿公黃天素老先生，他是台灣國寶書畫家，在某次記者訪問中，阿公和慈濟人分享：「人，一定要把才能、條件發揮得淋漓盡致，讓生命的每一刻都充滿了燦爛；但在亮麗光鮮的外表下，一定要有一顆樸素、無染、不變的心。一個人如果能愈學愈愚（憨厚），就愈有智慧。」所以，可以換位子、換腦袋，但心是不能變的。這是我的庭訓，人生中，不管我換到哪個位子上，都謹遵祖訓。

但沒想到有一天我居然換到了文殊菩薩的位子。第一世蔣揚欽哲旺波是公認的文殊化身，第二世巴麥欽哲是第一世心意的展現，也常有人說感應到我是文殊菩薩，其實，是文殊菩薩沒放棄我。老實說，我只是菩薩的文書。從大學時代開始，我總共出版了厚度近七千頁的二十六本佛學專書，以及上千頁的中英文佛學學術論文。當老師的日子，也不免埋首文書堆中；在道場，我翻譯、教授法本。我是這種「文書」菩薩。

現在我又寫了一本書，雖然是和佛法相關的書，但它是一本「輕佛法書」。與佛法專書和學術論文的「重」比較起來，這本為年輕人、普羅大眾寫的書，真的很「輕」——輕鬆好讀。但以佛法的純度和分量來說，二者卻是「不分輕重」的。整天把佛、慈悲掛在嘴上，滿紙引經據典的不一定就是佛法；一字不說佛的，可能是最深入人心的教法。佛法就是這麼善巧。

本書順利出版，首先要感謝讓「文書」菩薩槓上開花的蕙敏，她以資深文字工作者的妙筆讓每一個故事鮮活起來，還有副總編輯藍萍小姐的眼光和強大的編輯能力，以及家人長期的支持與鼓勵，都是成書的善緣。

為巴麥欽哲之名義所加持者·黃英傑

Part 1 老師有問題

成功的方法很多，不是只有讀書一途，
但首先你要尋找自我的生命價值。

我的老師是活佛

「就是他！就是他！活佛耶，我在電視看過！」

「活佛去餐廳吃飯耶！」

午餐時間到了，活佛肚子餓當然要吃飯啊。曾經有學生天真地問，活佛都吃什麼？吃飯，我說。活佛不吃飯會怎樣？會餓死，我說。

今天是開學日，那幾個在我背後竊竊私語的，應該是大一新生。活佛在大學校園裡，受注目的程度雖然不敢跟動物園的小貓熊「圓仔」相提並論，但「收視率」還滿高的，頗受好評。

大致上，我的學生們認為「活佛」很酷、很神奇。

有學生說，沒想到真的有這種人，而且就在他的身邊，世界真奇妙。有學生興奮地向親戚、朋友、三舅公、四嬸婆報告活佛老師的事，親友們也覺得很炫，想來學校「參觀」一下。還有爸媽交代小孩一定要選我的課，有上課有保庇，一兼二顧。有的學生本來想退選，知道老師是活佛後就打消退意。也有學生跟我索取名片當「護身符」，還拿回家分贈親友，這個想法太有才，但名片消耗很快，我想以後用影印的，上面寫「與正本無異」即可。

滿多學生在媒體上看過我的報導，對我的宗教身分頗為好奇；看到電視報導裡的本尊出現在教室裡，覺得很新鮮。他們對我的想像和感想，我也覺得很有意思。

如果因此能吸引學生，增加他們的學習興趣，也算是「活佛」的附加價值吧！

「老師，第一個台灣人的活佛就是你？」學生問。

「不要懷疑，就是我，不過那是年輕的時候啦～」我對同學們揮揮手，頗有fu。若不是歲月不饒人，曾經濃密的髮線節節後退，不然我也想學櫻桃小丸子的同學花輪君，帥氣地撥一下前額的瀏海。

接下來，五花八門的問題都出籠了。初次見面，促進師生感情、建立善緣很重要，而且活佛老師也還沉醉在偶像的fu中，對各種問題都來者不拒，非常和藹可親，盡力示現活佛順應眾生的慈悲相。

我的俗名是黃英傑，變成活佛以後又叫做「第三世巴麥欽哲仁波切」。是正港的台灣鹿港人，出生在台北的平凡家庭，成長、求學過程與一般人無異。我是輔仁大學社會學系畢業，然後是玄奘大學宗教學碩士，華梵大學東方人文思想研究所佛學博士。

我以前每年都會去印度、尼泊爾修學佛法，也在尼泊爾加德滿都國際佛學院當過老師。一九九五年直貢法王親自為我陞座，頒給我「阿闍黎」（顯宗教授師）證書及量身設計的法袍、法帽時，我已努力學習與實踐佛法十年。再奮鬥第二個十年後，二〇〇四年直貢法王再度主持陞座大典，晉升我為「金剛上師」，薩迦法王也同樣頒給我這個法位，代表我是正牌的佛法教授，有傳揚顯密佛法的「執照」。然後，二〇〇五年直貢法王和薩迦法王認證我是「上一世巴麥欽哲仁波切」轉世，而巴麥欽哲是文殊菩薩的化身。

我的家庭並沒有特別的宗教背景，雖有信仰但沒深入，只能算是佛教友好人士。過年過節拜一拜，去廟裡走一走，和大部分台灣家庭的信仰模式相同。我跟佛教最初的緣分，並沒有令人興奮的情節或稀奇古怪的故事，就是跟阿嬤去朝禮佛寺，那些法會儀式，對小孩來說又冗長又無聊，我是被帶去去吃拜拜的。

「那老師為什麼會變成活佛？」學生問。

我想，這位同學真正的問題是：你看起來和我們一樣普通，為什麼是活佛？

而我想要傳達給學生們的則是：頭銜的背後，有比穿鑿附會的神話更重要的東西。當活佛、仁波切，不是我學習佛法的目的，我被認證前就靠自己完成必要的佛學院教育了，我對佛法的熱忱和理想，也並沒有因頭銜而增加或減少，反而是責任加重。

可是大家都喜歡聽故事，我也不忍心讓同學太失望。

我真正很有「感覺」，是在十九歲讀天主教輔仁大學一年級的時候。偶然聽見人家說「文殊菩薩」這個名字時，突然覺得非常震撼，像某種內在爆炸，我強烈的想要見到文殊菩薩，相信祂是生命的解答。然後我找遍了學校圖書館所有和文殊菩薩有關的經典，從此一頭栽進去佛法的世界。

另外，我大學時第一次參加法會，就能很清楚地背出全場灌頂內容。第三次參加，就在無預告情況下上場擔任翻譯。我的求法和翻譯生涯就是這樣開始的，以後陸陸續續幫達賴喇嘛和各大法王、上師們擔任法會現場口譯，場次已多到數不清了。

二〇〇五年我回去前世的寺院——青海巴麥寺時，連續出現五次彩虹。最特別的兩次，一次是出現有環形彩虹的日暈，以及霓和虹並現的雙道彩虹；還有一次是一天內出現兩次角度不同的彩虹。

還有一件趣事。在青海時，我騎馬爬山去前世海拔近五千公尺的閉關關房，大約騎了幾十公里。當地的牧民都讚美仁波切騎術真好，以為我在台灣也騎馬。台灣只有馬路沒有馬，天知道那是我生平第一次騎馬！

「老師，你是不是有法力？」學生問。

從小學生到媒體採訪，這是「點閱率」最高的問題。我有沒有法力神通？我告訴小學生，我很想去霍格華茲學院當哈利波特的同學，可是找不到九又四分之三月台，所以沒去成。告訴媒體，我沒有神通，全靠佛法和傳承不可思議的加持力。

活佛辛辛苦苦一直轉世，任務是傳法，不是顯神通。很多人以為神通法力代表修行高深，這是危險的誤解。我經常聽見佛教圈的朋友或弟子說看見這個、感應到那個，我通常建議他們先去眼科和精神科檢查。

還有一個點閱率很高的問題——是否真有前世今生。以佛教觀點來說：係金咧。而且不止前世和今生，以前已經有很多數不清的前世，未來也即將有數不清的來世，這就叫「輪迴」。輪迴是很辛苦的，而佛法就是脫離輪迴唯一的辦法。

學生們的表情，目瞪口呆，似懂非懂，更多滿臉狐疑。看看時間快下課了，必須言歸正傳。

「請注意，這是通識課，不是神通課。各位對這堂課有沒有什麼想瞭解的？」我說。

「老師，我們上課要唸經、吃素、打坐嗎？那不是佛教徒怎麼辦？」學生說。

「唸經、吃素、打坐很好，但不是我的教學目的，這不是佛教課。不管你是信基督教還是拜火教，都沒問題，沒有宗教戰爭，就是不准睡覺。」

「活佛老師，你會給學生死當嗎？」學生說。

「盡量死馬當活馬醫。但作業沒交，曠課過多，上課沒有給我關愛眼神的，請準備重新投胎。」

下課鐘響，同學們紛紛離席。我聽見有學生說：

「活佛會當人耶！跟一手拿劍一手拿《可蘭經》的佛洛伊德一樣狠！」

「拜託，是墨索里尼好不好！」另一個學生說。

拜託，是穆罕默德好不好。同學，以後你們還會知道，除了老穆，文殊菩薩也是拿劍的，而且劍術跟令狐沖一樣厲害。

（ps.令狐沖是哪一個本尊？這要問金庸。）

三不一沒有

——Office Hour

所謂「Office Hour」是輔導學生生活、學習及課業等方面的機制之一，就是老師在辦公室裡坐著等學生上門請教問題。

剛開始我挺期待這樣的時間和空間，除了正式上課之外，能和學生有更親近的溝通和瞭解，師道當如是也。也不限於在辦公室內，華梵校區很美，如果能效法孔子遊於舞雩，「莫春者，春服既成，冠者五六人，童子六七人，浴乎沂，風乎舞雩，詠而歸。」和學生們一起迎著清涼的山風，走在林蔭小道，談談學問，聊聊人生志向，豈不美哉？

有人敲門了。

「黃老師，這是上次的會議開會決議，如果沒錯，請您簽名。」

又有人敲門了。

「黃老師，您的車子有壓到紅線，輪胎會被鎖起來喔。」

就是這樣，大部分「Office Hour」，除了被排班約談的同學外，我沒有像孔子一樣迎自然風而詠，比較像姜太公，在辦公室裡吹著冷氣等待願者上鉤。

學生們都沒有「問題」嗎？這才是個大問題。

學生不發問，有幾種狀況。一，台灣的學生比較被動，不習慣發問。二，缺乏學習熱情，老師授課內容沒有聽進去，下了課就當沒事，哪有問題可問？三，缺乏思考能力，無法歸納出問題。四，不想互動，不回應。五，都懂了，真的沒問題。

讀書要想過、思考過才會發現問題，常常發問，思考能力就能更進一步，漸漸也能體會到讀書和知識的樂趣。學思往復是必要的過程，只是聽老師講，沒有動腦筋把知識變成自己的，讀書就像嚼蠟燭一樣，一天上幾堂課，就嚼了幾根蠟燭，天天嚼蠟燭，上學成了苦差事！

孔子說「學而不思則罔，思而不學則殆」，這也是強調學、思不可偏廢，上完課後要思考，所以能「學而時習之，不亦樂乎」。大學之道，不是要考一百分、拿第一名，而在於發現讀書求知的好處、樂趣。讀書讀到有趣味了，知識一輩子跟著你，這就是扎下將來發展職業的基礎。老師總是苦口婆心告訴學生，讀書要為自己讀，不是幫爸媽讀的，也不只是為了文憑而讀。

現在的學生，面臨畢業時，普遍有求職的焦慮。從另一方面來說，擔心畢業等於失業，大學生畢業後茫然不知何去何從，只好再讀碩士，甚至博士，大有人在。這不是真的求知，是浪費青春、浪費生命！

全球化的潮流之下，從國際經濟體、企業到個人，都有大者恆大、強者恆強的現象。現在年輕人的競爭對象，所謂的同儕，已經不只是台灣人，而是國際性的同一代人。台灣大學生的競爭力在哪裡？這一問，可能把學生和家長的焦慮問出來了！

為了有競爭力，終身學習的口號出現了，大家開始接觸更多資訊，考更多執照、證照。任何一個領域的專業技能，不是學過了就有用。大家都在學，都有一張執照，充其量這只是一張入門票，持票入門的人不只你一個，不能保證你會贏。現在的學生，在學校學的，補習班教的，加上資訊隨手可得，學得其實太多了，**能讓你贏的關鍵，不是學，而是習，習比學更重要。**

學習，是消化、熟悉深入所學，是溫故知新的功夫。在熟練中發展出新的東西，也就是創新，那才是競爭力的關鍵。沒有溫故知新的能力，再多執照還是不夠的，執照也只是一張紙啊！

有些學生不發問，其實心裡有很多問題，對老師教學可能不滿意，但就是不想互動、不回應。還有些學生一直在問問題，但提出來的問題未經消化理解，豈止文不對題，根本是「問不對題」！更有甚者，提問並不是想聽老師的答案，而是以問題代替質疑。許多年輕人有這種習性，不斷丟問題質疑老師、父母、社會，自己則三不一沒有——不思考、不反省、不要答案，沒有責任。

這樣的學習態度，對人生有害無益。現在的「問題學生」，可能造就將來的「問題人生」。用「為什麼」來質疑別人，等於把問題丟出去，自己則不需要反省，這是逃避責難和責任的防衛心態，將來走在職場或婚姻等種種人際關係的道路上，沿途的顛簸崎嶇是可以預見的啊！

學生不主動上門來，老師的心像冷氣一樣涼颼颼的，寂寞又遺憾。

終於有學生來敲門了。

「老師，我想請問一個問題。」學生說。學生眼中閃著好奇的光芒，任何老師都會為之動容吧。

「請坐啊，請說。」老師說。

「老師，活佛是什麼東西？」學生問。

「嗯，基本上，活佛不是東西。佛就是佛，沒有分活的或死的，活佛是錯誤的稱呼。我的學名叫『仁波切』，是珍寶的意思。比如說，法拉利很珍貴，就可以說『跑車仁波切』，這個西瓜特別甜，就可以說『西瓜仁波切』。」老師說。

「老師，那我有來問問題，就是『學生仁波切』囉！」學生說。

「以你這學期的成績來說，可能別人比你更適合。」老師說。

「那仁波切會當學生嗎？」學生說。

「仁波切的評分公開透明，請上網查閱。」老師說。

這位同學帶著些許遺憾離開，老師也不無感傷。雖然他的問題頗有趣，但不是老師期待中的那種問題啊！

「老師，你是活佛，誰經過你門口你都知道嗎？剛才我在外面你知道我是誰嗎？」另一位同學來發問了。

「每天辦公室門口來來去去那麼多人，谷歌大神雖然很強，也要設定搜尋條件才有答案啊！老實說，現在你坐在我前面我也還不知道你是誰，是不是常翹課啊？」老師說。

「老師，你知道我的前世是誰嗎？」同學問。

「知道前世能幫助你順利畢業嗎？過去的就讓它過去吧。你今生今世再不努力用功，肯定會沒前途的。」老師說。

「老師，我加你FB的話，是不是能及格？」同學問。

「當然不行。但如果你狂按讚，努力一直分享，然後學業表現還不差的話，老師就考慮考慮。」老師說。

「老師，昨天和我一起搭你便車的那個女生，是不是我命中注定的情人？要不要追她？」同學問。

「老師沒注意看啊，你要先暗示啊！」老師說。

「那活佛不是有神通嗎？」同學說。

「把妹的人是你，不要問老師這種問題。你不說，我還以為她是男的耶！」老師說。

「老師，你幫我看看我以後會怎樣？」同學問。

我將同學從頭到腳掃瞄一次，語重心長地告訴他：

「我確定你不會再長高了。」

「我不是問這個，是請老師算我的未來啦！」同學說。

「同學，你要釐清學習目標，確定人生方向，現在認真讀書，將來努力工作，創造自己的價值，在社會上做一個好人，前途無可限量！」老師說。

幾乎沒人問學業、研究方向、人生志向的問題，大部分學生都好奇我的宗教身分，把老師當「風水世家」裡的算命仙，而且是免費服務的。學生們沒有宗教背景，又單純，有這些好奇其實還滿可愛的，但是老師卻愈來愈感傷了。

為了鼓勵學生，或許我應該在辦公室門口掛一個牌子：成績八十五分以上，免費兌換算命一次。現在我需要走出辦公室，在林蔭小道上補給一些新鮮空氣，好好想想這個問題。

「遠得要命」王國

離開高速公路，眼前為之一亮，高樓大廈退開之後的天空，更寬更藍，樹木更翠綠茂盛，空氣也清爽了。下石碇交流道，沿著傍溪而建的老式吊腳樓和石碇老街，隨後有山壁和溪床夾路，蜿蜒向上；繞過三、四個如雲霄飛車般曲折迴旋的「髮夾彎」，再十分鐘坡道迂轉，就到了活佛老師的學校——鍾靈毓秀、人文薈萃的華梵大學。

活佛老師常度人往來華梵，第一次搭我便車去華梵的人，剛開始，都會被好山好水好空氣感動，臉上泛起淺淺的微笑，十分輕鬆愜意，頗有幾分輕靈氣息。很可惜，這等空靈愜意只能維持到石碇老街，比較沉得住氣的，大概能撐到第一個「髮夾彎」之前。

「風景真好耶，仁波切是脫俗的人，連上班都在世外桃源！真讓人羨慕啊！」我的弟子T說。T今日隨師上學當助理。

「很高興你有美好的感受，但山路多崎嶇，世事多變化，苦樂無常。」上師說。

「太殊勝了！在仙境聆聽上師法語，感恩～」T雙手合十，表情虔敬。

上坡路段，我的車跟在一輛冒黑煙的小貨車後面，貨車引擎發出的吼聲好像快斷氣了。趁著轉彎空檔，我加足油門超車，順勢來個大迴旋，腳不點煞車，轉眼間把貨車遠遠拋在後頭。雖然是一般自排車，油門和排檔搭配無間，也能體驗加速性和駕馭感。這山路我走了九年，哪裡寬、哪裡窄、哪裡彎，已經了然於胸，熟能生巧，行車如行雲，山嵐飄飄的時候，更有騰雲駕霧的暢快感。

「仁波切一手開車，一手撥念珠，不會……那個……嗯……不方便嗎？」T臉上輕快的笑容逐漸凝重，手緊握門把，脊椎挺直。

「還好啊，習慣了。」上師說。

說話間，我們又超過一輛公車和轎車。前面即將進入大於一百八十度迴轉的髮夾彎。即使有「彎道王者」之稱的F1賽車，過髮夾彎也得減速到五、六十公里，慢入快出是最基本的技巧。

「仁波……」T沒來得及講完，剩下來的語句像花式撞球四下飛竄，臉色發白。我在想，車上還有嘔吐袋嗎？還有，轎車座椅的包覆性有待加強。

「你說什麼？」我問。

「還有多遠啦！為什麼這麼遠！」T終於忍不住抱怨上師仁波切，五分鐘前還虔敬感恩呢。

這就是情緒、感覺的真實狀況。上一刻輕鬆下一刻驚嚇，心境總是不由自主跟著外境轉，人事物時時刻刻在變化，心也隨之瞬息萬變，如何能常保心平氣和？

話說華梵大學有多遠？以遊山玩水的心情來說，三、四十公里不覺遠，如果天天翻山越嶺、日曬雨淋趕上下課，那真是遠得要命。

最近新聞報導，政大學生抱怨學校離市區太遠，生活機能不方便，不像台大、師大校區有夜市商圈，引起其他中南部偏遠地區的大學生紛紛跳出來吐槽。我問學生們為什麼沒跳出來發表意見？一位同學幽默地說：「等我們跳出來，新聞已經變舊聞了。」

這就是位於石碇大崙山上的華梵大學，傳說中的 far far away country——遠得要命王國。

早上八點整，活佛老師已經站在講台上，還有學生拎著早餐姍姍來遲。學校太遠、交通不便，已經變成同學們遲到的正當理由，不離譜的話，老師多半通融，可是同學們居然還有話要說。

「老師，以後不要排第一堂啦，三點才睡覺耶，六點根本起不來嘛！」同學說。

「改下午第一堂就不會遲到了吧？」老師說。

「不行啦，老師，剛吃飽飯會打瞌睡啦！」同學說。

「最後一堂總可以吧？」老師說。

「不行捏~上了一天課，很累了喔！」同學說。

同學們很幽默，老師也是有備而來的。

活佛老師馬上秀了一段中國湖南省張家界小朋友上學的影片。張家界山水秀麗舉世聞名，張家界偏遠村裡的孩子爬「天梯」上學的故事，也嚇壞了許多人。

「天梯」只是簡陋的木頭梯子，周圍沒有護欄，下雨天還會滑腳。那些村落的小學生，得揹著書包，爬上幾十公尺懸崖峭壁，再翻山越嶺三十公里才能上學去。從遠處看，九十度陡峭的山壁上，小小的身影像蜘蛛人貼在山壁上，一腳高、一腳低向上爬，令人捏一把冷汗。

三、四年級的小女孩，仰頭看著比樓房還高的梯子哭了，爸爸對記者說：「上回嚇到了。」又轉頭安慰小女孩：「別怕啊，爸爸媽媽叔叔都在這裡陪妳，勇敢點，別怕！」

台灣小孩走去巷口便利商店買糖果，父母都會擔心；影片中驚險的畫面，不是親眼所見，實在無法想像！所幸受媒體關注之後，當地政府終於在二〇〇七年為村民們打通一條便道，小朋友再也不用當蜘蛛人了。

看完影片，同學們啞口無言。張家界勇敢的小學生，給怠惰的台灣大學生上了一課。

環境塑造人格，不費唇舌，渾然天成。大自然是最好的老師。

華梵大學座落於五百五十公尺高的大崙山，是全台灣「最高學府」。學校在群山環抱、山山相銜之間，總面積三十四公頃。整個校園與自然生態融合為一，山上的空氣特別清爽，到處聽得見蟲鳴鳥叫樹濤風聲，晨光晚霞紅花綠枝四季更迭，隨便走走停停，都在森林氣息的擁抱中。

華梵大學創辦人曉雲導師，一九五〇年行腳到印度阿羅頻多修道院潛修，感受到環境對心靈人格的影響，就像大地滋養樹木，潛移默化卻能扎根深遠；也非常仰慕印度泰戈爾大學的森林哲學教育思想，因此致力提倡園林境教。

導師的境教觀念是：大學之道除了以知識作育人才，更要融入自然的哲思，將花木草長的生機、水光雲影的淡泊、日月山河的大器、亭台樓閣的素樸、晚來風的閒適，一一融入教育中，藉由大自然化育萬物的力量，來啟發學生感受能力的「覺之教育」。

佛陀對眾生的教育，就是建立在覺知的基礎上，有所覺知，才有選擇的能力，選擇走向更好的人生，通向究竟的智慧之道。

落實園林境教，華梵大一新生通識課程有三周戶外行腳活動。活佛老師變身導遊，和學生們悠遊在森林樹蔭底下，湖畔泉水邊，亭台樓閣階梯上，聊聊大崙山和學校的地理景觀、自然生態和人文歷史。和學生一起探索學習如何在這個環境中靜心陶養學習，把握求學的時光，築夢未來。

學期中，活佛老師又變身登山領隊，帶領學生們「上山學藝」。這一群平日裡肩不扛、手不挑的年輕人，早上九點在學校集合，行前，學校發給每人礦泉水、運動飲料和手套。

「老師，發手套是要砍柴嗎？」學生問。

「比砍柴更刺激。」老師說。

知名的皇帝殿稜線景點，就在通往華梵大學的半路上。登山客都知道，以前石碇大崙到崩山大崙的登山路線只有一條難走的山間小路，現在因華梵建校而拓寬的一〇六乙線，給登山客許多便利，所以校園內經常能遇見登山客問路借徑。我曾經見過鐵馬登山隊的阿伯，騎到華梵大學後，又背著腳踏車爬山，讓我景仰不已。也常有鐵人們千辛萬苦騎到校門口，拜託校警大哥蓋章留念。

「上山學藝」是學校就地取材為新鮮人量身打造的登高望遠之旅，從學校外緣山稜線高處環繞一周，既能鍛鍊體力心志，又能鳥瞰美麗的校園，全程五點八公里，耗時約兩個半至三個小時。

一出發，我耳邊不時傳來學生抱怨的聲音。真不巧，這學期的登山日正好下雨，輕便雨衣擋不住雨勢，山徑泥濘難行，大家渾身濕透，滿腳泥巴。沿路有時穿越比人高的蕨類樹叢，有時緊攀著繩索越過山壁、稜線，學生們嘴巴雖然碎碎念個不停，手腳卻不敢大意。

對大一新生來說，這實在是一趟完美的環境震撼教育。畢業後，這一定是他們對華梵最深刻的記憶。

能在台灣最具自然美的森林大學讀書，真是福氣。但學生們現在還不能體會青山綠水、寧靜致遠的生活情趣，總是抱怨好山好水好無聊。

下山途中，經過學校旁邊幾棟美輪美奐的別墅，我想起一個富翁的故事。

富翁去海邊度假時，看見漁夫躺在小船上曬太陽。

「你為什麼不去工作？」富翁問漁夫。

「我今天捕的魚夠多了。」漁夫說。

「你還可以捕更多魚，賺更多錢，為什麼要在這裡浪費時間？」富翁說。

「我賺更多錢做什麼？」漁夫說。

「你有更多錢，才能跟我一樣悠閒過日子啊！」富翁說。

「我現在不比你悠閒嗎？我天天過這樣的生活，而你一年才來一次！」漁夫說。

這些二十歲出頭的年輕學生們，正站在人生起跑點上，從這個好山好水好無聊的地方出發，求學、工作、結婚、買車買房，奮鬥三十年，所追求的不正是好山好水的別墅、過著悠閒的好日子？

悠閒的好日子當下即是，我們卻要遲鈍迂迴三十年才能看見，這正是「覺之教育」的出發點。**年輕學子愈早啟發心靈覺悟，愈能建立正面的人生觀以及選擇人生方向的能力，而生活中的快樂幸福，大部分決定於自己的想法。**

面對碎碎念的學生，老師也只能苦口婆心的說：

「你們現在等於提早三十年實現人生夢想，好山好水好好讀書，將來才買得起別墅啊！」

翻山越嶺不是最遠的路，沒有悟性的心靈才是「遠得要命王國」。

大顯神通

「老師，你有沒有法術？」

「活佛應該有神通吧？」

我的學生、弟子、朋友們，無論他們是佛教徒、基督教徒、拜火教徒，有信仰的沒信仰的，大家都好奇這件事。也許包括我的父母、家人。

二〇〇五、二〇〇六年，直貢法王與薩迦法王認證我是青海省巴麥寺巴麥欽哲仁波切的轉世化身，從此以後，我就多了一個名字——巴麥欽哲・昆秋湞津種都林巴（寶持教度眾洲）——稱呼巴麥欽哲就行了。當年，台灣許多家媒體都報導了我的陞座典禮，媒體說我是「台灣的轉世活佛」，於是我就多了一個身分——「活佛」。

告訴你，活佛是假的。

佛了脫生死，既然超越生死、無生也無死，哪來活佛、死佛？不過大家習慣這樣說，能溝通就好。比較正確的說法是「轉世化身」。

「轉世化身」是指上輩子就擬定了「死亡及投胎企劃書」，內容包括什麼時候死、怎麼死，以及來世在什麼時間、什麼地點、出生成什麼樣子的人。再來世間的目的是弘揚佛法，絕對不是觀光shopping。具有這種能力的人，上輩子是修行已達生死自在的高僧、修行者，他們不畏懼世俗生老病死的考驗，願意再來世間以佛法助人，這是佛教裡說的「乘願再來」。

其實，大家也都是轉世來的。佛教談輪迴觀念，生命現象從生到死、由死到生輪轉不停，你就是上一輩子的轉世，差別在，有成就的修行人是「乘願再來」，大部分人則是身不由己、沒有自主權，隨著業力大風吹而「乘怨再來」。怨，就是業力。

義大利導演貝托魯奇的電影《小活佛》，就是描述徒弟尋找圓寂上師轉世化身的電影。尋訪轉世化身的過程，在世人眼裡充滿神祕色彩。比如大寶法王噶瑪巴，他的轉世大都是他自己找出來的！歷代的大寶法王等大師都有能力在圓寂前預告自己下一世的出生日期、父母的名字、特徵等等。在藏區，被指認為某人轉世化身的小朋友，稱為「靈童」、「小活佛」，從小就被接回前世的寺廟學習佛法，繼承上一輩子的佛法事業。轉世化身到藏區以外的國家也多有所聞。

中國佛教界也流傳許多類似的事蹟。西湖十六遺跡之一的三生石，就是唐朝圓澤和尚轉世之後和老朋友相約再見的遺跡。圓澤和尚和朋友一同出遊，來到荊江邊，看見江邊幾個婦女，突然流淚對朋友說：那幾個婦人之一就是他下一輩子的母親。並交代朋友死期及投胎處所，相約十二年後中秋夜在杭州天竺寺外再相會。朋友十二年後依約前往，遇見一個牧童唱竹枝詞：「三生石上舊精魂，賞月吟風不要論。慚愧情人遠相訪，此身雖異性長存。」這牧童就是圓澤和尚的轉世。這個故事在蘇東坡的《僧圓澤傳》寫得很詳細。三生石高約十米，寬二米多，上面刻有「三生石」篆書，上面還有歷代文人的題詞。

如同電影情節描述的，大部分藏區的轉世化身，年紀很小就被找到、認證。我在三十幾歲時才被認證與陞座，但是和七十九歲才正式陞座的外蒙古國師第九世哲布尊丹巴比起來，我算是「老活佛」裡面的「小活佛」了。

上一世巴麥欽哲仁波切曾經預言，他將轉世到漢人地區，利益漢人。他當年的親承弟子已經很老了，我回去青海巴麥寺時，他告訴我這個故事：有一天，他看見正在閉關中的上師走出去，這令他非常驚訝！閉關是不能隨便離開關房的，一定有特別的事情發生。然後他回去關房探看，卻又看見上師在關房裡！上師對他說：「今天我有一個化身轉世到漢人那裡去了，路有點遠。」

當有人問我，為何三十五歲才認證轉世化身，我就說：「青海到台灣路有點遠，翻山越嶺還要渡海，所以要找很久！」這是開玩笑的。事實上，前一世巴麥欽哲在一九四五年圓寂時，中國政治局勢山雨欲來，民國三十八年之後台海兩岸就隔離了，青海巴麥寺方面無力也無法展開尋訪，這是歷史的違緣。

不管是不是轉世化身，這一輩子都要認真學習，天才也是百分之一的天分、百分之九十九的努力才能成功。我學習佛法，是從十九歲開始有興趣和熱忱，不是別人說我是活佛之後，突然間金光閃閃、瑞氣千條，突然間會飛天遁地、無所不知無所不曉。又不是在演金光布袋戲或武俠電影！

每個人都有自己學佛法的機緣，我是在大學一年級時聽見文殊菩薩的名號，觸動了學佛的神經，三十年來樂此不疲。當我的同學、朋友們在峇里島度假，在義大利精品店逛街，在巴黎喝咖啡的時候，我大部分都在賈伯斯心靈歸屬的印度或尼泊爾的中世紀佛寺，跨文化地讀書、修行或閉關。

印度夏天非常熱，有一年夏天熱到攝氏四十七度，若沒有親身經歷過，真是沒辦法形容四十七度是怎麼回事！那個年代，印度電力不足，幾乎沒有冷氣機，我們窮學生更住不起有冷氣的地方，有人發明克難式冷氣，在電風扇前放一盆水，但是水也是燙的！還經常停電，晚上睡覺被自己的汗熱醒，只好起來沖水再睡，熱醒了再沖水，根本沒辦法睡覺。所以我經常是冬天去印度，夏天去尼泊爾山區。

我念研究所的時候，同時也在尼泊爾的佛學院念書。台灣學校一放假，我馬上飛去尼泊爾上課，同時念兩邊的學校。這期間，我獲得台灣學校碩士和博士學位，直貢法王賜封阿闍黎、金剛上師，以及薩迦法王賜封金剛上師，完成世學和佛學的學習，也領受很多上師的灌頂傳法。

大部分小活佛認證以後接回寺院才開始學習，因為歷史因素，我比較命苦，自力救濟學習完成以後才「錦上添花」被認證轉世化身。當年記者問我，成為活佛感覺如何？我說活佛的封號是「現在的鼓勵和以後弘法的責任」。今天我還是持這個觀點：**活佛也好，仁波切也好，責任是傳授佛法，不是創造崇拜附會，或變魔術神通。若要說神通，歷史上已經有很多偉人，以不平凡的思想、藝術、科學、政治、教育成就促進人類幸福，讓世界更好，就是令人崇拜的神通。**

佛陀第二大弟子目犍蓮尊者，腳指動一下，龍宮、大地就要振動，但是他因為業力的關係，還是被亂石打成重傷。他用神通力把拆散的身體聚合，回去見釋迦牟尼佛說：「我的業終於還完了。」他就死了。

還有個故事，說三個可以飛天、遁水、遁地的人，當他們知道自己將死時，於是展現神通，分別躲到空中、水裡、地底。死亡那一剎那來臨，業力已到，神通力喪失，就摔死、淹死和被活埋了。這意思是：再厲害的神通，時間一到就會消失。佛教中講神通的本質，業力帶來的能力叫「業報通」，業力既然能發起神通，當然也會結束神通。

民間有許多宮廟，奉祀的其實是鬼神、世間神祇，祂們需要香火供養，幫人「辦事」。這類鬼神也有高下之分，就好像缺錢時錯向地下錢莊借高利貸，你不知道以後要還多少利息；現在覺得靈驗，卻可能幫了倒忙。這和佛陀教法不一樣，佛陀教我們自己要有能力培養福氣，把握生命真理追求幸福，不必依賴別人。佛菩薩絕對不會因為少點一支香、忘了敬茶或水果不高檔就來跟我們算帳的。

神通不及業力，目犍連尊者尚且如此，業力成熟時，世間神祇能救誰？

再說一個神通的故事。

一個術士在高僧面前展現渡河神通，術士幾乎腳不沾水，從河面上走過，直到對岸。此時，高僧叫來一艘小船，悠閒地讓船夫把船划到對岸。上岸時，高僧問船夫：「多少錢啊？」船夫說：「一塊錢。」高僧付錢給船夫之後，對術士說：「你的神通只值一塊錢！」

這是佛法非常重要的教義，佛法雖然不否定神通力，但是業力比神通力還厲害，因果成熟的時候，死期到了，神通全部沒用。但是一般人往往迷信神通，誤以為神通就是佛法、是修行成就的證明。

簡單的說，佛法就是佛陀領悟到的生命真相；而修行，就是依佛陀所說，去修正我們的心和行為，以此利己利人。不管你是不是佛教徒、相不相信因果業力，或是當故事、神話聽聽，利己利人都是值得你培養的好品格。

既然大家叫我活佛，那我總得有點神通。

話說，我有個朋友，被某大集團相中，透過獵人頭公司和他洽談。朋友他在專業領域已經「位極人臣」，沒有跳槽意願，只是獵人頭公司緊追不捨，他礙於情面只好去瞭解一下。第一次會面，對方雖然誠意滿分，但也表示物色對象不只他一人。朋友來和我商量，他雖然沒有跳槽的積極意願，但那個集團的資源和規劃很吸引人，挑戰性高，讓他有點心動。

「那你告訴對方，謝謝欣賞，後會有期。」我說。

「這不是拒絕了嗎？」朋友說。

「是啊。你也沒確定要跳槽吧？」我說。

「也是，好吧。」朋友說。

過了幾天，朋友又來跟我商量。

「我拒絕了，他們改口說沒有其他對象，只鎖定我。一定要我再去談，怎麼辦呢？」朋友說。

「還是謝謝啊，別三心二意。」我說。

「呃……好吧。」朋友嘴上說好，其實我知道他愈來愈心動了。

又過了幾天。

「仁波切，對方派大人物出面，牛肉都端出來了，怎麼辦呢？」朋友急電求援。

「你決心想去了嗎？」我問。

「是啊。」朋友肯定的說。

「那就去開條件啊。」我想是大功告成了。

果然不出幾天，朋友就擺桌請我吃飯了。席間，朋友問我：

「仁波切算準了對方沒有其他人選嗎？」

仁波切有沒有神機妙「算」呢？

「我不知道啊。」我答。

「什麼！可是您叫我拒絕兩次，兩次喔！」朋友吃驚地說。

「你現在已經很好了，那麼累幹嘛？沒有就算了。再說，我看你猶豫不決，去那裡位高權重，雙方要情投意合才好做事啊，所以幫你造勢，劉備也要三顧茅廬才請得到孔明啊。」我說。

當局者迷，旁觀者清。不用神算，「心算」就行了。

說到孔明，我認為他是心理學高手，他非常厲害的就是：能掌握敵人的行為慣性和心理特質，知己知彼，智退敵軍。空城計故事中，司馬懿認為孔明謹慎，不會走險，看見孔明悠閒在城門上撫琴，必有埋伏，就自動退兵。三國志人物性格描寫非常生動，比如魯莽的張飛，忠義的關公，多疑又自負的曹操等，每個人都有行為慣性和心理特質，一旦被掌握，別人就能算計你。想要改變，要靠修行來轉化。

一般人都好奇自己的前世今生，都想預知吉凶禍福，因此去算命、看風水。但是，未來是充滿變數的，再厲害的術士，也只能預測大方向，我們的言行舉止、起心動念充滿變數，沒有哪個術士能百分百準確。因此，如果你能修身養性自我轉化，改變習性，那些鐵板神算，甚至鬼神的神通都會失靈。這就是修行人的命運無法被預測、掌握的道理。

上學期，我的學校舉辦「覺智與人生」——華梵故事比賽，探索學校的空間，前八名都是我班上的學生，這學期又有八位得獎。學生表現好，又被學校主任誇獎我的教學有獨到之處，這讓我感覺非常神氣。我希望我的學生和弟子們，都能認真讀書、精進修行而有所收穫，這就是讓自己變得更好的神通，這樣子也才能證明，活佛老師真的俱足神通啊！

大學生的問題

下課時間，我正要去上廁所，途中被學生攔下來。

「老師，你最厲害的咒語是哪一句？」

「咻咻降！」

「什麼啊？會怎樣？」

「移動咒啊，雕像、擋路的人，哈利波特都用這一句。現在老師可以去廁所了嗎？」

其實我有一句更強的，超威猛的咒語，能瞬間凍結空氣，把同學們通通變成雕像。

「各位同學，有沒有問題？」

就是這句，屢試不爽！本來講台下還有點聲響的，此咒一出，教室立刻陷入一片寂靜，學生個個面無表情，呆若木雞。

「都沒有問題？很好。下．課．吧。」

解除咒一出，學生們瞬間恢復生機，空氣中洋溢著青春歡笑。目睹如此神奇、生動的場景，我肯定我有神通，而且每個老師都有神通！

為什麼都沒有人有問題要問老師？是老師教得太好？還是同學們太聰明太用功？答案很簡單，沒在聽課、沒在思考，連教材都不熟，哪來的問題？此其一也。其二，不習慣發問。其三，不想互動。

除了學習態度有待改進之外，大部分東方學生都有不喜歡發問、怯於互動的情形。二〇一三年，我在美國舊金山州立大學以及香港中文大學客座訪問，遇到不少外國學生或訪問學人，比較之下，外國人很能提問題討論，發言也比東方人直接。這是好習慣。老師聽學生的問題和發言，就知道學生的理解到哪裡。學生不讀不問也不說，老師能怎樣，用猜的嗎？

有同學說：「老師你不是什麼都知道？」

就算老師什麼都知道，學生什麼都不知道有什麼用呢？到底是誰在讀書，誰會被當啊？

不問問題，是一個問題。亂丟問題，也是個麻煩的問題。有些學生上了一堆課，從來不自己消化吸收，只會不斷丟問題，問的內容也不在重點上，愈問愈迷糊，像鬼打牆。就算老師很慈悲、有耐心一一解答，他還是一直在問題上打轉，根本沒在理你講什麼。好像他的任務就是發問，其他的就交給老師您了！

這個時候，我只好對同學說：「問題和答案是一體兩面，要自己消化吸收過，才對學習有幫助。你這麼認真問了一小時，應該口渴了，不如坐下來喝口水，順便把課本好好讀十分鐘。」

這是不負責任的學習態度，套用在生活上也一樣。現在的年輕人很會質疑父母，質疑老師，質疑國家社會。你說他兩句，他就頂你一大堆「為什麼」：為什麼你可以這樣這樣我不可以那樣那樣？這等於用問題來逃避責任、自我防衛。質疑別人，對自己的困境毫無幫助，結果還是一樣的，襪子還是臭的，房間還是亂的，零用錢超支，學分被當，女朋友也跑了。

總而言之，現在中、後段大學生的問題，根本在於沒興趣，不愛讀書。沒興趣幹嘛要來讀大學呢？學生說，不然要幹什麼？大家都有讀大學啊！我爸說無論如何要有大學文憑，找工作才不會比人家爛啊……等等，諸如此類的理由。很多不想讀書的，通通來讀大學了。

好吧。這是現況，不是老師嘮叨就能改變的。重要的是，面對不愛讀書的學生，老師要怎麼教呢？現在的大學生，有考五百分進大學的，也有八分進大學的，台灣教育部確定的大學教育宗旨已經不能一體適用了吧？

好吧，教育部現在還沒有想到更好的辦法，這不是老師嘮叨就能改變的。重要的是，就算學生與眾不同，也要給他學習的機會，老師不能放棄學生，要體現孔子有教無類的精神，還要發揮創意，想辦法讓學生愛讀書，嗯……多少讀一點，懂一點啦！

不知道哈利波特有沒有讓學生愛讀書的咒語？

活佛 vs. Google 大神

老師：「同學，你這篇作業寫得太好太專業，請重寫。」
同學：「為什麼？」
老師：「那要問佛洛伊德。」
同學：「佛洛伊德？新來的系主任嗎？」
老師：「你剪貼了人家一大篇文章，真豪爽，卻不知道作者是誰？不怕被告？」
同學：「只是寫作業，應該不會怎樣吧！」
老師：「他已經不能對你怎樣了，但是你抄人家的東西，好歹瞭解一下作者背景，至少記住名字聊表敬意吧？」

以前的學生為了找資料寫報告，得上圖書館、影印、謄寫，費一番功夫才交得出報告。拜網路科技之賜，現在的大學生寫作業交報告很輕鬆，輸入關鍵字，搜尋幾篇相關文章，剪一剪、貼一點，立刻湊出一篇洋洋灑灑的文章，架式十足，實際上中看不中讀。有些學生，內容都沒讀就抄剪下來，製造出不少讓師長父母們看了會哭出來的笑話，上文是一例。

還有更經典的。

老師：「為什麼錯字這麼多？」

同學：「我 copy 來就這樣了，是作者的錯，不是我。」

老師只好告訴這位同學，你沒有寫錯，但是你說錯了。

文不對題，草率敷衍，把剪貼簿當作業簿，這只是在浪費老師的時間。其實老師一看就知道是自己思考的還是抄的，但為了讓學生心服口服，不得不花時間蒐集「證據」。學生會 Google，難道老師不會嗎？活佛老師除 Google 大神外，還與反抄襲軟體組成神通連線犯罪防治中心，破案率百分之百，神可是站在佛這一邊的！

這些堆在老師桌上，不具學習、思考意義，還妨礙誠信、評分公平的作業報告，代表教學和學習上的障礙。學校、老師雖然能以種種辦法杜絕剪貼抄襲，但這說到底，還是學習態度的問題。治標容易，治心態難，尤其大學部的通識課程，不是主科，學生多半抱著「輕鬆」的心情應付了事，要發揮教學效益，談何容易？

有的同學上了一學期，課程名稱都不知道，「覺智與人生」寫成「決志與人生」、「覺知教育」，還有真的想不起來的乾脆寫「活佛老師的課」、「洗腳課」。有的同學上網去下載作業，下載錯了，還來報告說：「老師！！！！有狀況喔！！！」連自己上哪一學期的課都不知道。

狀況嚴重，老師一定要想辦法，而且是有創意的辦法才能出奇制勝。老師的白頭髮就是這樣愈來愈多，幸好點子也源源不絕。活佛老師擬定的教學策略是「以輕鬆對治輕鬆」，創意則是「四海之內皆教室」。

看影片最輕鬆，所以老師把教室變成超級電影院，搭配E化的多媒體影音播放、課堂講解、分組報告、課堂討論等來提高學習興趣。當然老師播放的不是好萊塢商業電影。影音教學的重點在於學生從影片中看到什麼，所以必須挑選具有另類觀點看待人生與世界的啟發性教學影片，比如《奢華美麗背後的殘忍》、《假如屠宰場的圍牆是透明的》，這類片子直接呈現動物、眾生是怎麼被虐養與宰殺的。動物臨死前的掙扎和悲痛恐懼的眼神，讓學生感同身受，明白我們有一口肉吃就犧牲一條生命。如果嫌呈現事實是生命難以承受之重，還有《吃素的獅子》、《豬豬天堂》這類感人的片子可以平衡報導。

引導學生自我覺察，比教條式的囉唆有效多了。我從不在非宗教專業課程上宣教，因為信仰是自由的，學生不是信徒，沒有必要在學術殿堂上強灌。但啟發學生的良知良能是老師的工作之一，慈悲、同情心或愛，是普世價值，有沒有佛法的名相並不重要。

果然下課後，學生全部吃素去了。不忍心是良知善念的自然反應，雖然效力只持續一天甚至一餐，但我知道，慈悲的種子因緣際會之時就會成長茁壯。

有一次在「覺智與人生」課堂上播放墮胎議題的《媽媽我要活下去》，看到有心跳的胎兒被產箝血淋淋夾碎，這些年滿十八歲的大學生們震驚到瞠目結舌，有的女生難過到掉下眼淚。有學生抱怨影片太血腥，說：我佛慈悲，為什麼活佛放的片子這麼血腥！還開玩笑叫我「血腥活佛」。

阿彌陀佛喔~同學，這就是人生的真相啊！墮胎不代表解脫，對事實冷漠才是最大的殘忍。你已經是成人，你可以不喜歡影片，但是你不能不知道愛護自己和尊重生命。不管是人或動物，如果對其他生命的困境保持沉默，當自陷其中的時候，也不會有人伸出援手，因為我們是生命共同體。

動動手也很輕鬆，所以活佛老師把學生家的客廳、廚房也變成教室。「學習成長與生活」這堂課，我認為互動比紙上談兵重要。為了讓學生動起來，促進家人關係，學習感恩，這堂課的作業，我要求學生必須和家人一起完成。

題目之一是回家幫媽媽洗腳。老師事先有規定，在不讓家人知道是學校作業的情況下幫媽媽洗腳，最後要和媽媽一起拍照交作業。這個作業果然讓學生還有家人都「動」

了起來。有的家長被嚇到，以為孩子在外面惹了什麼事，或另有所圖才回家裝乖巧。有的本來親子間互動比較僵硬，小孩突然要幫媽媽洗腳，剛開始彼此都尷尬不好意思，後來也認為有趣又溫馨。

這個作業大獲好評，家長誇獎老師真好，活佛老師也很開心。有爸爸說要向老師爭取福利，希望下次出幫爸爸按摩的作業。

題目之二是做蔬食大餐給家人吃。有的學生從沒有下廚經驗，不知道媽媽買菜、做菜辛苦，透過這次作業，才發現廚房是熱的、炒菜會冒煙、鍋子會燙傷、洗菜很麻煩、碗很油、煮菜像打仗，以及，很久沒跟家人好好吃一頓飯了，看到家人滿足的表情和讚美，覺得很值得。

大部分學生都做得不錯，從中體會到許多平時忽略的人、事、物和感覺。有位同學說：「透過這次作業，真的很感謝媽媽一直以來為這個家的付出，除了要更用功努力在學業上，也要時常關心爸爸媽媽，而且並不要是為了做作業才關心他們，是要主動發自內心的對他們關心體貼，才是對他們最好的回報。」爸媽知道也會很欣慰吧！

這些內心的覺知和感動，是Google 不到的。

會呼吸就能上大學

有一個望子成龍的爸爸，兒子錄取中部某大學，爸爸沒聽過這所大學的名字，非常失望，要求兒子補習重考，但兒子根本不愛讀書，不願意重考，於是陷入親子戰爭。最後兒子贏了，爸爸付了註冊費、生活費，還當車伕幫忙搬行李，哀怨地望著兒子輕快的背影消失在校園中。

現在台灣的大學很多，考大學也很容易，新聞報導有人考八分就有學校讀了，這幾乎逼近錄取底線——有報名就錄取。這種情形即將在民國一〇五年實現，屆時大學生來源將比前一年的三十二萬多減少五萬多人，錄取率達百分之一百二十，都不必考了，會填報名表就行，會呼吸的都能上大學了！到了民國一一七年時，大學生來源將比現在銳減一半，到時恐怕有四成大學倒閉，考生自動升等到會呼吸就能上國立大學！

人人都有機會受高等教育，這是好事。但如果花大錢、花時間的高等教育教出低等成果，那就很不好了。遺憾的是，大學資源分配不均、考核機制落後、教育品質低落已經是事實。

入學標準太低，我認為這是一個基本問題。有人開玩笑說，終於實現孔子有教無類的理想了。我倒覺得，這是張大帥看球賽，人人有球就不用搶了。

很多學生像前述故事中那個兒子，基礎不好也不喜歡讀書，有學校就好，好像是來避難的，哪有學習動機？大學教育的基本功能，至少是一種思考和學習的訓練，學生沒興趣、不想學，要怎麼訓練？教學成果要從哪裡談起呢？

這些過去不可能也不適合進大學的學生，坐在教室裡滑手機、上網、看韓劇、打電玩、聽音樂、吃便當，就是沒興趣聽課。他們正在浪費父母的血汗錢，浪費青春。台灣的高等教育若沒有重新釐清方向，這樣的學生只會愈來愈多，惡性循環的結果，不止大學教育品質愈來愈差，碩士、博士的水準也將如骨牌效應，應聲而倒。

除了大學部，我也擔任指導教授碩士、博士生，以及應聘外校的碩博士論文審核、口試。所謂論文，簡單說就是要有研究主題和主張，但現在的學生論文能達到這個標準的並不多，主要是因為專業和熟悉度不足，大部分只有描述沒有論述，缺乏討論問題的能力。學生從網站上搜尋資料，看起來洋洋灑灑，其實內容拼湊，沒有架構和研究動機與問題意識，不陳述問題只敘述故事，還有抄襲越來越嚴重。這是個令人憂心的現象。

教育改革，越改問題越多，讓學生和家長也無所適從。所謂教育普及，像美國，人人有機會上大學，但要畢業很嚴格。台灣只學了普及，沒做好後續整體教學規劃和評鑑制度。

家長和學生的觀念也有調整的必要，萬般皆下品、唯有讀書高是老掉牙的偏見，除非小孩真是讀書的料。這已經是一個專業分工的時代，高學歷不等於學有專長，高等教育絕對不是就業保證班。

以德國為例，國家經濟好的時候，想念書，國家可以養你一輩子，但是你要清楚博士學位是專業興趣，和就業沒必然關係，也沒那麼多專業職缺。我有個德國朋友，不是不能唸博士，卻以身為專業木工為榮，在台灣，這可能會成為親友之間的笑柄。台灣人不願意做黑手，即使高薪也不要，這是心態的問題，不是沒工作做。

再說那個望子成龍的爸爸，他是兩家水電行的老闆，Pro 級的水電工。他兒子小學的時候作文簿上寫：我的志願是學爸爸當水電工繼承家業。結果被爸爸臭罵了一頓：「沒出息！你要讀書當博士，當大公司的總經理。」

但爸爸的希望落空了，他兒子大二時在學校捅了兩個摟子。先是學人家簽賭職棒，輸一千押二千，一直押上去，欠了五萬多賭債，躲回家不敢上學，又不敢告訴爸爸，最後曠課太多被退學。爸爸拿錢出來擺平兒子的賭債，但是學校回不去了。爸爸要兒子重考，兒子堅持要留在家裡學做水電，拿工錢抵賭債。爸爸嘆了一口氣，同意了。

現在他們家已經開了四家水電行，生意興隆。他兒子當年的大學同學剛畢業，正拿著履歷表四處找工作。

會呼吸就能上大學，但不一定能當水電行老闆。**會呼吸，還要會轉念，這樣人生的路就很寬了。**

如何找到生命中的助緣

佛教講「緣起」，緣起必有因。「因」跟「緣」以現在的話來講，就是「主要條件」跟「次要條件」。「因」就是種子，是主要條件。沒有種子，土壤怎麼澆水施肥都是白費工夫；有了種子，如果沒有順緣、能助一臂之力的某些次要條件，這種子是不會有任何結果。

因緣的條件結構非常複雜，就像時間、空間、溫度、濕度、日照、方向、風向……等，都是影響種子成長可能的變數。但**只有因是不夠的，還需「緣」來推波助瀾**。

舉例來說，我們一生中，有許多人曾經短暫駐足，後來就謝謝再聯絡，不相往來，這就是緣分已經斷了、盡了。另外，有些人剛開始關係不錯，可是越來越不和睦，甚至水火不容，這也是緣分耗盡了。沒有緣分，彼此就不能互相幫助，有的還會彼此妨礙，變成惡緣惡業。我們需要的是善緣、順緣，像陽光之於植物，所以佛教主張要與人為善，才能結下善緣，這種緣，就能發揮互為貴人、推波助瀾的功能。其實，與人為善也是一般人際關係的通則，是任何人都可以努力達成的。

有了因，緣分一來，結果就會展現。但是我們需要的是順緣、善緣，萬一來的是逆緣，你就麻煩大了！所以還是**要多多培養善緣，積極主動去創造和尋找生命中的助緣跟順緣，簡單講，就是為自己創造有利的因素**。

從另一個角度來說，**所謂緣起，就是正確的東西放在正確的位置上**。以咖啡杯來說，盤子就是得放在杯子的下面，這樣用起來很順手。盤子放上面就沒辦法用、不好用。你不能說這是創意，東西不能用，再好的創意等於是沒創意。

很多人哀嘆自己的人生不順遂，什麼叫「不順遂」呢？就是逆緣多於順緣，倒楣的事比幸運多。上學沒趕上公車，自己騎車又大塞車，好不容易趕到學校，已經一肚子怨氣，老師又挖苦你幾句，剛好自己作業又沒交很心虛。一連串倒楣不順心，今天怎麼過下去啊？這就是逆緣。

那麼，該如何為自己的生命創造有利條件？首先，**你自己要先準備好，當好的因緣來臨時，你才有足夠的條件去接受**。比如說，你去台積電應徵經理，競爭這個職務的有十位，大家的條件都不錯。這時候，你突然發現張忠謀的機要祕書是你十年沒見的老同學，你和這個同學關係又很好，以前常借給他筆記，這下你的勝算就大了。但是你先得具備當經理的資格，然後老同學在老闆面前推薦你，才能發揮臨門一腳的助力；如果你沒有當經理的資格和本事，就算張忠謀是你同學也沒有用吧！

我被學生「點問率」最高的幾個題目之一，就是找工作的問題。現在的大學生或是碩、博士畢業生的工作難找，我認為除了台灣高等教育長期孱弱外，一大部分是心態上的問題。有的學生早早就加入啃老族，不去找工作，騙爸媽說要去上班，其實是去圖書館和網咖。這個不喜歡做，那個又不會做，看不起驢子也找不到馬。有的學生不斷延畢，因為不想當兵，在等募兵制。連學校都招不到學生了，部隊要怎麼募到人？我說：快去當兵啊，現在兵役時間短，就當作參加國家免費健身房去服務。有的學生去服替代役，分發到台東偏僻小學當警衛，這麼好的涼缺，可以乘機看看書，但這樣也有問題，他跟學校主管不合，一直想找機會調單位。

再來是感情問題。學生最常問的是：怎麼樣才能找到理想的情人？我說答案很簡單，先把自己變成別人眼中的理想情人。女生想交身材高、學歷高、薪水高的三高男，問題是你拿什麼去吸引對方？首先妳自己得是綻放的花朵，才能吸引蜜蜂來採蜜吧！就算遇見百分之百的女孩，你自己卻是百分之三十的男孩，又能怎樣？

你是不是願意花時間去創造自己被利用的價值？去培養對自己有利的條件？因為順緣、助緣，是需要培養的。有了種子，你還需要除草施肥澆水，甚至積極去控制溫濕度，才會開花結果。你想得到更好的結果，勢必要付出更多心力，就像溫室栽培名貴的蘭花，所有日照、溫度、濕度的控制都要更嚴格。

誰不希望我的同學是比爾蓋茲、王永慶或張忠謀？可是人家不會理你。為什麼？因為你自己沒這個實力與條件。

我們的順緣跟助緣究竟在哪裡？不必去求神拜佛，更不用去算命當冤大頭，問活佛老師的話，只有一句話，那就是：**當你自己準備好的時候，就是最大的助緣成熟的時候**，天助自助者，三界通用，絕無虛言。

被「當」了？——「覆器」不能調教

過去種下了因，還要去培養順緣才能結果，但更重要的是心裡要有一個「意樂」（willingness）。意樂的白話文叫「學習動機」，沒有學習動機，就算老師用點名要脅學生也是沒有用的。

我從二〇〇五年開始在科大與大學教通識，在研究所、佛研所教佛學專業，對台灣學生學習動機方面的表現，真的非常感慨。

沒有學習動機，缺乏「意樂」，佛教裡有個名詞叫「覆器」。

佛法教育最重視學習動機跟學習態度，沒有這些，就沒辦法調教。所以「覆器」的意思簡單說就是顛倒放的杯子。佛法教育強調，首先你要有納受法教的能力，比如是個能容納水的杯子；然後這個杯子不能顛倒放，這樣就沒辦法受法，所以叫「覆器」，「覆」就是顛倒；也不能有破漏，破杯子永遠不能盛水，也是覆器。就像老師講了半天，學生都沒在聽，永遠「漏接」。就學習上來說，這是專注力的問題，上課不專心、有聽沒有到。為什麼不專心？話說回來還是動機的問題，上不上課無所謂，老師講笑話最好，最好不要講課，那太無聊了。

有這種可有可無、散漫心態的學生，通常也是理由多、抱怨多、逃避學習責任的人。最常見的現象是，學生們經常要求老師：「為什麼不準備PPT啊？」現在上課配合影片教學很普遍，學生們習慣聲光效果的刺激，但是在影音裡沉醉片刻之後，能獲得什麼？希望大家試試傳統的教學方式，其中還是有相當的教學功能和特色。

就算老師應同學要求放影片，還是有人抱怨說，老師都在放片子，我回家自己看就好。我敢打賭你回家不會看，而且老師挑選的影片是你絕對看不到的，是在符合教學目標的架構下費心挑選的，而學生理解不到這一層。反正放片子不滿意，不放也不滿意，這就是選擇性太多，反而利用選擇來逃避學習責任。

也有上課不買課本的學生，不理會老師七催八請，嫌貴、嫌重，理由令人匪夷所思。華梵大學很溫馨，學校圖書館為每一班準備了二十本教科書，讓學生免費申請。學校都幫你買了必修課的教科書，還有什麼理由上課沒課本呢？可學生也不申請。

最近我給學生出了一個題目：為你的自傳命名。自傳是假設性的，命名代表你對人生的回顧和期許。舉例子說，希特勒的自傳《我的奮鬥》，雖然他的奮鬥害死了幾千萬人。郝伯村的自傳《無愧》，他自認一生作為問心無愧，不管他做得好不好，這就是自我價值，對自己的一個看法。結果，最暢銷書名第一個是「不知道」，第二個是「我想想」。不知道，因為沒打算要寫；我想想，這是在拖延時間，因為沒有想法。

我經常說，學生可以不欣賞我的課，可以對佛法沒興趣，更可以表達其他的興趣，但，你總要有個興趣出來吧?! **人生總要尋找出自己認同的意義跟價值，去實現出來，否則，迷迷糊糊就這樣過了一生，太浪費生命了。**

說到破漏——專注力問題，現代人應該治療的就是手機症候群。我們已經有慣性，早上一起床不馬上打開手機看一下就不行，因為太方便好用；手機反過來控制了我們的時間和注意力，我們隨時隨地都因為手機而分心，對周遭人事物視而不見。我上課常常從後面走進教室，同學們大都低著頭滑手機，讓人以為有什麼偉大的資訊要理解，或者正在處理急事……並沒有。我看到的是在玩 game，和看韓劇。

同學說：「老師這個 gmae 真的很好玩。」老師瞭解，因為我國中時也玩過，破了一百多關。後來因為同學的一句話，我突然覺悟不玩了。他說：「你自己對著螢幕一下子生氣、一下子笑，好奇怪。」就是這樣，過關了很高興，沒過就懊惱，都是自己窮緊張，其實什麼都沒有得到，就是原地踏步，甚至可以說是倒退。遊戲廠商必定不歡迎這些話，遊戲廠商也不會為你的人生負責，是我們自己的問題。

讓自己成為沒有破漏的容器，才能發揮教育功能，這也意謂著你需要足夠的專注力。如何提升專注力？我建議上課要做筆記，至少要錄音。錄音雖然方便，其實用處不大。我的電腦 **2TB** 的儲存空間裡存了幾千小時重要的影音檔案，但是我沒有時間再去看或聽。整理成文字稿更耗時間，一個小時的錄音，要好幾個小時才能完成。與其讓它占據未來寶貴的時間，不如現在就處理掉。

我從大學開始接觸佛教，對西藏佛教特別有興趣，窮學生最好的學習辦法就是當法會的翻譯。翻譯有一個很大的好處：翻譯絕對是全場最專心的人。我也發現，如果現場有兩個翻譯，不是我當班的時候，專注力立刻下降。所以，如果每個人都把自己當作班抄（負責抄筆記的那個人），以這種態度來學習，我想收穫一定會很大。老師講得再爛再無聊，只要一句話受益就有價值了，總比趴著睡覺、還不能安心睡好啊！

提升專注力的妙法之一，就是坐在老師前面。你會覺得老師是單獨為你授課，師生產生良性的互動，學習意願自然就提升了。我常常夢想著學生像百萬小學堂一樣，積極踴躍反應「選我選我……」！可是現在大學生的態度，已經讓老師們忍無可忍、不吐不快。你問學生有沒有問題啊？沒人要理你。被點到名，整個就是狀況外，一副不知道發生什麼事的樣子，或是睡到沒有反應。老師說他兩句，居然還理直氣壯說：我有來啊！我說：不曉得你來幹嘛？你這樣讓我很傷心，老師很挫折，受到傷害了，因為你不理我！這樣老師會得憂鬱症喔！

學習效果要好，首先你必須不是一個覆器，也不能有破漏，還必須是乾淨的。我強調的是：**學習必須有開放的心態，如果杯子已經滿了，就不能再倒進任何東西；或是已經有其他東西，譬如說驗尿用的杯子，再倒水你敢喝嗎？這是比喻，學習之前要先掏空、清淨自己的心。你必須給自己學習的機會，這個機會就是不要帶有偏見跟成見。**雖然詮釋學說，成見並不是一件壞事，它是瞭解新事物必須的前理解，但我是指那些會讓你聽不進老師講的既定看法，或者你自以為比老師厲害，那你來幹嘛呢？

我倒是歡迎這類學生，可以為他特設挑戰組席位。這種很有看法的學生，即便可能有固執、主觀的過失，但通常是帶著生命中的難題和疑惑而來，這也是一種學習動機。一般學生不是這種狀況，是懶得聽講，已經預設立場認定「你又要說那些了」，所以這杯水倒下去，也是混濁不堪用的，這就算來上課也是沒效果的。

排除這些負面條件，我們才能夠進入主題，這是一個基本的學習和態度。若不是被強迫來的，已經具備學習動機，不是覆器，沒有破漏，沒有成見，所以能夠聽明白這些基本理念。很多學生是沒辦法的，反而是我拜託學生請他退選；在非常需要這個學分又肯定達不到我的標準的情況下，學生再三拜託求情。我只能說，你應該拜託的人是你自己，要求自己先振作起來呀！

雖然大家都認定活佛是慈悲的，事實上，這幾年來，最高曾有百分之三十修我課程的學生被當，而且是零分死當，沒有五十九分給個面子這種事。五十九分是要讓學生知道老師是故意當你的，但是我不會故意當學生，我當的都是不上課、不交作業的學生，這是底線、基本原則。缺席是一定要當的，出席卻不交作業，你來幹嘛？當學生至少要有點誠意，好歹寫一點。你沒誠意，老師當你又何必在意？

所以，表面上我當了百分之三十的學生，事實上他們是被自己當掉的。被我當掉的學生，還有第二學期又回來的。我告訴這些回鍋的學生，聽我的課就要配合我的要求，不然你還有其他選擇，不要再回來被當了。學生想一想，還是願意來，願意配合，這表示他有修正的意願。或許質和量都還不夠好，可能還是有些破漏，但至少不是個「覆器」，有點基本水平了。

如果我當你，能挽救你未來的人生不被當掉，這就是佛的慈悲。

叫我最後一名

我的弟子K本來是個有才華、有抱負的文藝青年。在高中當了幾年國文老師之後，神態縮了一點，頭髮禿了一點，肚子肥了一圈。K說他不想當老師了，學生太難教。

壓垮駱駝的最後一根稻草居然只是一句成語。上學期期末，K考出了一道送分考題：「名落孫山」中的「孫山」，以下何者為是？（A）人名（B）地名（C）國父孫中山的簡稱（D）以上皆非。

標準答案是A。宋朝范公偁《過庭錄》記載，有一個名叫孫山的讀書人，有文才又幽默。孫山與鄉人的兒子一起進京趕考，回鄉以後，鄉人問：我兒子考上沒？孫山幽默地說：解名盡處是孫山，賢郎更在孫山外。意思是，金榜上最後一個名字是孫山，你兒子在孫山的後面，落榜了。

這就是「名落孫山」典故出處。孫山是宋朝人，不是一座山，也不認識孫中山。

「全班只有十個答對，有八個以為孫山是孫中山！仁波切，您也是老師，能瞭解我的感受吧？」K愈說愈激動。

現在的學生真的很難教，普遍來說，程度不足又不用功，學習態度偏差。《總裁獅子心》的作者嚴長壽先生曾經應邀去國際經濟商管學生會演講，嚴先生以英文開講不到十分鐘，台下的學生不是睡覺就是滑手機。嚴先生感慨地告誡學生，再不改變心態和學習態度，就等著工作被外國人搶走。

嚴長壽先生只是感慨，天天在學校和學生碰撞的老師們，特別是有教學熱誠的老師，已經不只是感慨，而是沮喪、憤慨，像我的弟子K這樣。

台灣的教育品質落後，人才培育落後，這是不爭的事實。不只嚴長壽先生提出警告，北京清華大學的陳嫦芬老師也說：台灣人才培育已經來不及了。

陳嫦芬老師是何許人？她是台灣財經、企業界的菁英，曾經擔任國內外銀行集團的總經理、總裁等職務，憑著優異的資歷，受聘到中國清華大學任教，是二十年來極少數被評為特優的老師，名聲響亮。但是她決定回台灣大學教書，同時間成為兩岸最優秀學生的老師。

比較兩岸號稱最優秀的學生，她說北京學生幾乎都是來自各省、縣、鄉的狀元，程度好不用說了，積極、主動、認真的學習態度令她驚訝又佩服。大陸學生有打破沙鍋問到底的精神，老師指正過的，也很少犯第二次錯。上課不遲到不缺席，下課還問個不停，不讓老師走。一個個口條清晰，能言善道，更能精準地發問。教這樣的學生，當老師真是享受。台灣的學生呢？陳老師說得很妙：台灣的學生耽溺在一種「小確幸」狀態，不貪心，另一種說法是眼光短淺。這讓她很焦慮，因此在媒體上對台灣父母和師長大聲疾呼。

台灣的教育品質和人才素質真的輸人家很多，再這樣下去，不只工作機會被搶走，將來我們的孩子也只能去幫人家打工。

看K的表情好像快崩潰了，我拍拍他的肩膀給他加持一下，同時告訴他，我在華梵大學博士班畢業典禮時，代表畢業生致辭時說的一個小故事：

「中國從隋唐發明科舉制度以來，一直到清朝光緒三十年科考廢止，總共生產了八百八十五位狀元，有名字記載的六百七十五人，生平資料可考的五百零九人。在當時，狀元及第向上光宗耀祖、向下庇祐子孫三代，是真正鑲金包銀的第一名。

「但是，這麼多個第一名，在座各位能說出哪個狀元的名字嗎？不能。那麼，各位能說出最後一名的名字嗎？沒錯！就是孫山。歷代科舉制度最有名的人物，不是第一名，而是最後一名的孫山。

「我高中聯考的時候，考了五百二十分，是當年上榜的最低分。榜單盡處是活佛，活佛曾經是孫山，在我之後的就叫做名落孫山……」

最後一名的我，最後在博士班以第一名畢業，這是我讀碩、博士班以來拿到的第六個第一名。有機會把自己的好成績說出來，感覺不賴，但請相信我的目的不是炫耀，而是鼓勵年輕人：**你可以落後，只要在終點之前超越，你就贏了。**

看起來我是花了三年就得到博士學位，事實上是二十三年。這個學位是我一九八五年起開始學習佛法的總成績。人生有足夠的時間讓我們嚐盡各種滋味，第一名有第一名的滋味，最後一名也有最後一名的意義。品嚐各種人生滋味並尋找其中的意義，是非常重要的，尋找自我生命的價值，就是終身的學習過程。

名次與成績，是家長和社會的期待，是諸多外在參考點之一，那個超越名次以外的生命體，有沒有找到自我價值？有沒有發現求知的樂趣？這是個關鍵，會讓你從不得已而讀，轉變成享受讀書以實現自我的樂趣。

我常常告訴學生，**成功的方法很多，不是只有讀書一途，但首先你要尋找自我生命價值**。這方面我是幸運的，很早就值遇佛法、確立生命的方向。雖然大學聯考完後我痛苦地發誓不再考試了，但是我覺得研讀佛法比看電影或online game更好玩，又有好的老師帶領，讀書簡直成了樂趣和享受，考試也沒問題了，一轉眼博士班就畢業了。

如果你能帶著樂趣和熱情去發明一件東西，設計一棟建築，唱一首歌，或者只是掃掃地，一定能做得很成功，至少你會很快樂，因為你正在做自己。

我也常告訴學生，人生的高低不是ＩＱ的高低，也不是國文或數理分數的高低。現在你成績不好，那是因為你過去缺乏學習動機，有學習障礙，或學習態度與自我管理不良。現在你**可以坦誠面對自己的缺點，那你就有比資優學生更多進步空間。**

學生必須面對自己的缺點和考試挫折的陰影，老師也有義務幫他們尋找生命的價值，找回尊嚴和希望。或許這比逼他們考第一名更重要。即使他們以前是最後一名，現在也還落後，但是將來會很好，千萬別讓任何事阻止學生追逐夢想。

「態度決定高度。」我說。

「對，先從改變學生的態度開始。」K的眼神有一道光。

「我是說你耶，先改變老師你的態度吧，不要輕言放棄。」我說。

真的，**人生有足夠的時間讓我們嚐盡各種滋味，不到終點，不知勝負。不要輕言放棄。**

Part 2 活佛也叛逆

如果做輪迴順民的話，
就永遠無法跳脫三界。

半生行徑皆叛逆

——活佛之道

我的俗名是黃英傑。二〇〇五年，直貢法王認證我是青海囊謙巴麥寺的巴麥欽哲仁波切轉世；二〇〇六年，薩迦法王也授予我轉世認證函。從第一世蔣揚欽哲旺波仁波切算起，我是第三世。從此以後，我的俗名使用率降低很多，大家都稱呼我「巴麥欽哲仁波切」，只有我母親還會叫我的小名「阿寶」。「仁波切」就是「寶貝」的意思，所以，此生第一個為我授記認證的是我的母親。

我在台灣台北市出生、成長。追本溯源，我的祖先則來自中國福建泉州，那是在六個世代以前的清朝。

我是天主教輔仁大學社會學系畢業，接著專攻宗教學研究所，博士專業是佛學，屬於Madhyamaka（中觀見），印藏佛教多元中觀思想是我主要的研究領域。在著作方面，從大學時代開始採訪、編寫、翻譯藏傳佛教各教派大師的歷史及珍貴教法，目前有二十六本專書出版；中英文學術論文大約發表了X篇。這些是我的筆墨著作和學術專業簡介。

至於大家最好奇的，土生土長的台灣「西藏活佛」，是不是有許多不平凡的宗教啟蒙事蹟？這方面，恐怕要讓大家失望了，我的信仰之路，最大的奇蹟是擁有堅定的信心，此外無它。

台灣一般家庭的宗教信仰，大多是佛、道融合，我的家庭也如此。我的外婆是淨土宗，小時候我和外婆、親戚們去廟裡拜拜，這屬於家庭活動，沒有特別的信仰意義。一直到我十九歲大學一年級，偶然聽見長輩提到「文殊菩薩」，我的心裡忽然出現一個強烈的念頭——文殊菩薩是誰？我要見祂！這個緣起是心理上的，具體和佛法接觸，是從懺雲法師主持的南投蓮因寺大專佛學齋戒學會開始。我的學校，輔仁大學的佛學社——大千社，則是台中蓮社李炳南老居士的系統，也就是現在淨空法師這個系統。我的佛學之路，是受顯教啟蒙的。

限於台灣的兵役制度，男性必須當兵之後才能出國，大約一九九二年，我才第一次出國去了五台山，然後是在一九九四年去印度，開始我的西方取經之旅。

印度的夏天非常嚴熱，加上當時的簽證只能給半年，所以我只在冬天的時候去，住在印度新德里往北兩百四十公里的德拉敦。夏天一到就回台灣，或者去尼泊爾，尼泊爾的海拔較高，天氣比較不那麼熱。二〇〇一年以後，我在尼泊爾隸屬薩迦派的佛學院——加德滿都國際佛學院，念了六個學期，取得畢業證書。這段期間，我同時在台灣攻讀碩士、博士，台灣這邊學校一放假，我就飛尼泊爾。

博士課程修完之後，我申請台灣科技部的千里馬海外研究計畫，當時海外研究計畫中並沒有尼泊爾這個國家，是我要求增設的，這樣我又回到尼泊爾，在加德滿都大學做一年博士生海外研究，這一年我就住在寺廟裡。

一九九五年，我獲得直貢噶舉派法王頒授的「阿闍黎」證書，這就是顯教的教授師。二〇〇四年在佛陀的誕生地藍毗尼（Lumbini）舉行的金剛上師陞座法會上，法王授予金剛上師證書。然後是二〇〇五年認證為第三世巴麥欽哲仁波切。

二〇一三年，在台灣台北成立了「欽哲光明壇城協會」及道場。在這之前，每當法友、弟子詢問：仁波切的道場在那裡？我皆據實以告：台灣道場太多了，不需要再多一個。**我認為台灣佛教徒，乃至於全世界華人佛教徒，需要的是更有系統、更精確的顯密佛法及儀軌的翻譯、整理、講授和傳揚，是精神上軟體的充實，而非更多美輪美奐的佛堂道場**，台灣已經有很多精緻莊嚴的道場了。這也就是我這些年來佛行事業著力的方向。

我一向認為沒有設道場的必要，我的一位弟子因此開玩笑說我是「叛逆的活佛」。這句話後來成為我去香港中文大學演講的主題：活佛之道，半生行徑皆叛逆。

活佛，應該像聖誕老公公一樣慈眉善目，和藹可親，有求必應，怎麼能叛逆呢？基本上，活佛最好的定義，就是天生的專業叛逆者；而所有的佛教徒，沒辦法是專業的，至少也得做個業餘的叛逆者。因為，**如果你在這輪迴中做順民的話，那就永遠不可能超脫三界了。這是強調，佛教的教義有很多想法、觀念跟世俗不一樣的面向，這端視個人如何把握生命價值和方向。**

我在大一時，偶然聽到文殊菩薩的名號，感覺非常震撼，好像突然間覺醒了，非見到祂不可，祂必然可以為我解答所有生命的謎團。我是這樣踏上佛法之路的。我的家庭是中產階級，生活平凡平順，並沒有歷經過什麼痛苦打擊才轉心向道，我心中的佛法種子是這樣自然而然的成熟發芽了。

剛開始，我也參加顯教道場的佛七，但我心中很肯定知道，這不是我需要的法門。但是以前台灣學密宗風氣不盛，也很困難，主要是找不到好老師，語言也不通。當時很多人對我展開柔性勸退，理由不外——第一：密宗很危險，第二：密宗的上師不好找，第三：學密要有上根器。以中國人謙虛的性格，沒有人會跳出來說我就是上上根器；上師難找，那也要先去找過，而不知道什麼是好的上師，也要找到才知道；至於密宗很危險，也要先向虎山行，才知道有沒有虎。

我認為宗教有兩件事情要小心，一是騙財，二是騙色。我是個男生，沒色好騙，又是個窮學生，也沒財可騙，沒有危險的問題。再來是根器，要看你是不是能學密的上上根器。我在參加大專齋戒的時候，寫了一張紙條直接請教懺雲法師：請你看看我是什麼根器？我認為，根器就是跟法門的相應度。

這是早年學佛法和密教的一些經歷，從心理上到經濟、人際關係等等，現實生活上的種種挑戰都會出現。佛法的理念，經常直接衝擊現實人生的價值觀，佛教徒會受到很多阻礙、挑戰，挑戰是必然的，所以說，要當佛教徒，沒有一點叛逆的性格是當不成的。孟子說，雖千萬人吾往矣。佛教徒就是要有這種追求自我實現的勇氣和智慧。這個所謂的「逆」，就是能矯正世俗，趨向不偏不倚的佛法正道。

仁波切在家嗎？

仁波切穿的法衣，也有出家、在家的區別，這是個重要的觀念。仁波切的意思是「珍寶」，你家裡面有很珍貴的東西，那就叫做仁波切。比如香港賭馬，有一匹馬老是跑冠軍，就叫馬仁波切。如果你有顆天下最好的鑽石，它就叫鑽石仁波切。用來形容人就是「人中的珍寶」，類似漢語「人上人」的意思。

仁波切的原意是如此，但現在常被用來代表「轉世者」，其實二者並不相等。轉世者的正確說法是「祖古」，是佛教所謂法身、報身、化身中的化身。一位轉世的仁波切，稱為祖古仁波切；一位受敬重資深的和尚、長老，稱為喇嘛仁波切，以此為區隔。

「喇嘛」這個名詞也不斷地在變化。達賴、班禪這才叫喇嘛，可見喇嘛是很尊貴的，可是現在好像西藏來的就叫喇嘛。藏傳佛教依照佛制有在家、出家的區別，有沙彌、比丘，沙彌是「格措」，比丘是「格隆」。要瞭解這些，對一般人來說有困難，所以將西藏來的全都叫做喇嘛，這是一個要釐清的問題。

在西藏也有出家或在家眾的區別，受沙彌戒或是比丘戒，戒衣就不一樣。以我穿的法衣來說，白色代表我是在家的，因為白色就是白衣，這是佛制。至於要怎麼個白法就不一定，如薩迦法王是白裙，其他教派有的是法衣中間有一段是白色的，因此只要有白色，肯定就是在家眾。

如果是出家眾，當然應該遵守出家戒律。所有戒律現在都是根據「說一切有部」，不管是漢傳、南傳或是藏傳，在出家戒律這一點上面沒有區別。如果是在家的，那就是遵守在家五戒、大乘菩薩戒，密乘則有密乘戒。

許多人誤以為密宗的喇嘛可以結婚，這基本上不是一個正確的描述。應該說，密宗和顯宗一樣也有在家和出家的分別，在家眾可以選擇獨身或結婚，結婚是不違背佛制的。如果是出家眾，就必須要遵守出家眾的規則，比如不淫戒，不能有兩性關係，這是很肯定的，這一點就是出家跟在家仁波切的差別。

在西藏或者是歐洲早期，宗教界也具有學校教育的功能。有些修行人從小就被送到寺廟、修道院，因為早期社會沒有所謂公立學校，一般人沒有能力、機會上私塾，就送到寺廟或教會學習，等到長大之後，再決定是不是要成為專業宗教師。所以會有一些雖然穿著法衣、但是其實並非出家人的情形。這也可以從法衣顏色來判斷，一般來說，紅色的是法袍，黃色的是戒衣；出家的話，外面一定會有一件黃色戒衣，戒衣上面的格子數目，則是根據沙彌或是比丘身分而有不同，這是所謂的百衲衣。一定要出家眾才能有這個戒衣，在家眾是不能披出家戒衣的。

「乘願再來」與「乘怨再來」
——轉世

每個人都是轉世來的，不然能從哪裡來？孫悟空是東勝神洲花果山的石頭蹦出來的，你、我都是轉世來的。轉世談的是心相續（mental continuity），佛教不談靈魂，談一心之相續。

「業」有分正報跟依報，依報就是外在的世間，正報就是受生的身體、智力、體力等。這是有物質的基礎，即父精母血，精子跟卵子結合而成胚胎。只有精子跟卵子也還孕育不出生命，否則不孕症應該都能治療成功，透過人工授精即可，但為什麼有的成功有的不成功呢？除了生理問題之外，還要有神識入胎，好比硬體要灌軟體，電腦才能驅動，那個軟體就是所謂的一心相續。

雖然每個人都是轉世來的，但有一些人是自願的，有些人則是被強迫的。被強迫的，就是乘「業」再來，被業力程式設定了，身不由己地在六道中輪迴。你能不能預言生死自在？說人間太苦了我不幹了、不玩了，再見？沒辦法。對普通人來說，輪迴之中是想活活不了、想死也死不了，因為死了還得再來，來了以後是人是畜生也不知道，這叫做為業力所迫。

真正生死自在的轉世者，是初地以上、了悟空性的菩薩。菩薩到此一遊，就像來玩個 game 而已，所以叫乘願再來。就如同醫生自願去落後的地方救助貧病苦，雖然這裡的條件不好，但他來 serve（服務）、sacrifice（犧牲）的同時，也會 self-improvement（自我提升）。

轉世者實質上能幫助到很多人，這在藏區形成了尋找、認證轉世者的「轉世制度」。認證有一個很重要的目的，就是神聖性與利生事業的延續，這在宗教裡非常重要，藏傳佛教可說是成功地達到這一點。

歷來其他宗教傳統裡也有許多高僧大德，他們的修行證量和聲望是長久時間累積下來的，而轉世制度則是在轉世者小時候就賦予此神聖性，讓這個教派的傳統得以累積和延續，這是轉世制度的優點。

轉世制度有真實的意義嗎？或者只是宗教意義？我認為有佛理的依據，現實上的根據，而不只是宗教形式；不過，這個依據如何被解讀和實現，可能會有落差。癥結點在於，如何證明現在這個人就是原來的那個人？事實上，認證的過程有特定的 process（程序）。尋找轉世者的旅程，通常是從前一世開始的，前一世預言將轉世到哪裡去，這是很重要的根據，也是神聖性的來源。

以前如果有電話就好辦了，前一世先預言留下未來他家的電話號碼，這就省事多了，但游牧地區逐水草而居，也不能告訴我們門牌幾號。所以，預言中通常是描述或畫出山川河谷的位置、方向等，比如在某河流東方，或河谷的哪個方向，騎馬幾天會到的地方，這是一個方法。或者去觀湖。以電腦術語來比喻，某個有比較高權限的IT管理員，來到湖邊，透過修法跟法界的無線網路接通，這個湖就會有訊號出現。接下來的問題是：如何解讀這個資訊。

比如尋找達賴喇嘛時，尋訪者來到天湖，經過修法之後，湖面顯現出「阿」字。西藏是拼音文字，此時尋訪者有兩個推斷：第一，可能轉世在安多地區，因為安多的第一個發音是「阿」。第二，可能轉世在美國（Amarica）。真正的法王轉世，現在可能在美國也不一定！這是解讀的問題。去美國找不可能，受限於當時的條件，只能去安多。當可能性的人選出現後，還要接受測試，比如辨識前生的法器。尋訪者將轉世者前生的法器和其他的混在一起，一般小孩會挑選鮮豔的、新的東西，但真正的轉世者會展現出精確的辨識度。或者，主要的尋訪者——通常是轉世者前一世熟悉的人——喬裝成不起眼的attendant（隨從），而轉世靈童通常一見面就能認出來，表現出特別的熟悉感。

認證轉世是一回事，更重要的是繼承地位之後的 education（教育）。這個身分的 function（功能）在於 knowledge（知識），所以轉世者必須從小開始以嚴格的教育來培養。就我個人的看法，轉世身分的正確性雖然重要，但從另一個角度來說，也沒那麼重要。就算不是原來的那個人，但是經過特別的教養培育，已經具備比別人更好的條件去繼承志業。譬如，同樣是蜜蜂，餵牠吃蜂王乳將來就變成蜂王，餵牠吃蜂蜜的就只能做工蜂。有這個善業福報才能坐上這個位子。

轉世制度的神聖性還有一個現實面上的重要意義，就是能確保寺院的財產不至於分裂，因為永遠都是同一個主人，大家不用再吵了，The One 已經決定，這讓整個教團朝向更具優勢的良性發展。

有學生提問，前幾年達賴喇嘛說過，他可能不會再轉世。我想這是政治的因素，他這樣說的用意是——如果人們不需要他的話。學生再問，如果達賴喇嘛說他不願意轉世的話，那可能就不會再轉世了嗎？理論上是如此，但歷史上的案例，很多成就者說要去西方世界，可是卻又找出他的轉世者。這不難理解，所謂千江有水千江月，是需求的問題，眾生有需求就有這樣的化現。譬如我的前一世預言，來世將化身成二十五個人，因此有人質疑我。有時候我也會問自己，我是不是二十五分之一？我是不完整的？其實不是這樣的，千江有水千江月，每一個都是完整的，這是供需問題的示現。

轉世活佛不是蜘蛛人

大家對「轉世」這個話題都很有興趣，如果你相信因果輪迴的話，就能理解，其實每個人都是轉世再來的，除了孫悟空以外，絕對沒有人是石頭蹦出來的，也不可能是其他方式突然冒出來的，這是因果律。但是你可不可能是外太空來的外星人呢？我認為大有可能，現在有很多天龍國轉世來的天兵天將，這個是絕對有可能的。**宇宙浩瀚無垠，有很多不同的生命型態，有一些你能理解，有一些是你不能夠理解的，我們應該更開放和尊重，這是一個基本的態度。**

所謂的轉世活佛，和大家有什麼不一樣嗎？差別只在你們是義務役，我是志願役，如此而已。大多數的人我們叫做乘業而來，被業力所迫，沒得選擇，你不來也不行，就是義務役。在所謂的轉世制度中，有很多的佛菩薩，其實祂已經不用來了，但是為了要幫助還在輪迴煩惱中的有情眾生，祂自動跳進輪迴裡來陪大家走一程，志願役就對了，就是這麼一點差別。**仁波切和轉世活佛也有一點不同，仁波切有時是對修行人的一個敬稱，不一定具有轉世化身的身分。**

既然來到貴寶地，就和大家一樣擁有這個血肉所乘的身體，這個叫入境隨俗，大家都一樣才好相處溝通，不然佛菩薩就直接降臨就好，何必大費周章。轉世活佛、仁波切，一樣會有生老病死，不刷牙也會長蛀牙，不是像超人好像天生就能飛來飛去、刀槍不入，也不像蜘蛛人是後天被咬才變成基因改造人，那真的是漫畫。

佛菩薩的轉世，也不一定是用我們所認知的，如轉世活佛這種方式來利益眾生，其實任何有效有用的辦法，佛菩薩都會善巧方便的去應用。佛經裡面就有提到「應以何身得度者，即現何身而為說法」，簡單說就是：眾生需要什麼，我就顯現出什麼來幫助你。有一種叫「工巧」化身，祂能化作一座橋樑，或者是太陽、月亮、水井、樹木等等方式；佛經上也記載，文殊菩薩曾經化身成一隻豬和大眾結緣，所以佛菩薩的轉世化身，不是只局限在人，動物或無生命的山河大地等等，只要能夠對眾生有利就行。因為佛菩薩不需要再做業績了，祂本身的智慧功德已經圓滿了，只是一個善願要幫助每一個人都能夠成佛，這樣的大願和大力，和一般世間神祇就是天淵之別。

台灣漢地，對西藏轉世活佛、仁波切有一個迷思，認為這種人應該都有超能力，把他們神話了。**這種身分的人所具有的神聖性，或所謂天賦異稟，是來自於宗教傳承的智慧和慈悲利生的胸襟，而不是個人的神格化。**其實尋訪轉世活佛最重要的目的是要培養他，讓他更有能力去繼承前一世弘法利生的志業，繼續佛法事業，這才是最重要的。所以要去判斷一個人他是不是轉世活佛，最重要的是根據他的「學經歷」，他對佛法的理解，對於佛法的修持跟表現，這就可以判斷出，這個人是否具有轉世者應該有的品質。

當然有很多偉大、良善的人，他們都可能就是佛菩薩的化身，只是沒有被某一種制度所承認；事實上，有沒有被制度承認也不一定是重要的，大部分地區沒那個制度，難道佛菩薩就不去那裡，棄這些人於不顧嗎？佛菩薩利益眾生是沒有分別的，制度畢竟還是人為的，只是一種方便。

我們常常說的「喇嘛」，這個字是梵文裡面的Guru，意思是老師，在藏文裡是一個敬語，喇嘛意為「無上」，沒有比他更至上、更尊貴的意思。其實喇嘛本來是非常尊貴的敬語，像是班禪喇嘛這麼高等級的才能叫喇嘛。

西藏或藏傳佛教的修行者，有出家跟在家的分別。出家眾就像漢傳的沙彌、比丘，叫做「給措」跟「給隆」，出家的當然是不能結婚，漢傳的規矩也一樣。能結婚的就是在家的，像我就是在家的，所以我穿的法袍上面要有白色。佛教裡白衣就代表在家居士，這就是身分上的區別。所以喇嘛有分「出家」與「在家」，千萬不要再誤傳「西藏喇嘛」可以結婚了。沒出家的在家人，如果沒有誓守獨身的戒律，當然可以結婚。出家和居士的身分不同，戒律也不同，無論藏傳或漢傳佛教都一樣遵奉。

也不是西藏來的都叫喇嘛，喇嘛是不是轉世的呢？不一定。所謂的轉世是有經過認證的，正確的稱法是「祖古」，化身的意思，被認定為某某人轉世再來，表示他要繼續為佛法貢獻。現在你好好修行，如果你的佛行事業越來越廣大，有很多學生弟子需要幫助，有必要再來繼承前一世的志業，而且也有能力再來的話，將來你的轉世就是第二世、第三世、第四世……

在世界各地也有一些從小就天賦異稟的神童，這也是一種轉世。我在美國遇見一個小孩，大約是幼稚園或小學生，他畫國畫很厲害，我看他畫了一隻豹，黑黑的這也不稀奇，但是他畫豹的眼睛，足足等了兩個小時才下筆。他的老師是八十幾歲的國畫書法家，讚嘆他這個最小的徒弟說，你看，他的下筆多老辣。那就是說，他的前一世也有繪畫方面的能力，只是我們沒有這個社會習俗或制度去認定，是張大千的轉世，或是唐伯虎的轉世。

在我們的周遭應該都可以看到很多這樣的案例，每個小孩子，即使是雙胞胎，一出生就有不同的個性，每個人有不同的天分，最重要的是，你要去發展對你自己最有利的，以那個為基礎去發展，這樣就容易事半功倍，以此創造你自己的人生意義。

這是我發願要度的眾生

八分上大學這件事，經媒體報導之後舉世皆知，當時大家的反應是驚訝、嘲笑，還有批評。一片嘩然聲中，那所學校的發言人接受媒體採訪時表示，該生八分入學，將來若能五十八分畢業，就達到教育的目的。在浪頭上敢說這話算勇敢，也頗有道理。制度使然，既來之則教之，不然要怎樣？

話說回來，學生素質良莠不齊，必然造成老師教學困擾。很多人問我，學生難教，活佛老師有什麼看法？

最難教的，不是成績不好，是學習態度和教養不好。翹課，遲到，上課滑手機，睡覺，這是來浪費青春和父母的辛苦錢。在課堂上吃便當泡麵喝飲料，吃完垃圾不清理，這是沒公德心。帶小貓小狗來上課，同學們都說好可愛喔，老師也只好說歡迎歡迎，這算什麼？有教無類？

華梵地處公車三段票終點的山明水秀之地，更離譜的，有學生調查清楚週一到週五各科老師下班時間，要求搭老師的便車下山，老師當司機、學生在車上睡覺，還要求老師繞路。就算搭公車也只能到站牌下車，不能到你家門口吧！

我歡迎學生共乘，但也規定搭便車的學生不准睡覺，要講能讓大家笑出聲音的笑話。剛開始，學生只會講小明和小華，害其他同學笑也不是、不笑也不是，氣氛很尷尬。現在越講越有趣，氣氛融洽，還會貼心的幫老師準備點心，小有長進。

活佛還沒當大學老師以前，教學對象大部分是學習自主性強的佛教徒或社會人士。到大學校園之後，反而是學生們教會我跳脫傳統佛教術語來面對不同的對象！儘管學生程度或態度不盡理想，我當他們是有緣的眾生，都是我發願要度的眾生，不管現況如何，我朝著讓學生們更進步的方向走。

華梵大學的靈魂「覺之教育」，是對生命的關懷，以開拓慧命為人生目標，不只是知識的灌輸，更要對心身的轉化有實質的方法，藉以依循練習。因此我在大學部開的課，比如「覺智與人生」、「智慧潛能與個人競爭力」、「學習成長與生活」、「電影與宗教」、「自我覺察與心靈開展」等，看名稱就知道，這些課都不是用圈叉能評分、靠死背和考試能達成教學目的的課程。所以我的課不考試，而是強調當下感受和留給學生思考空間。我認為引導學生自覺，比考試和說教有效。

我的課雖然不考試，闖關也不容易。活佛嘛，教學要活潑，作業題目要活用，學生也要有活腦筋，否則小心被死當。

如果你是我的學生，以下這些問題，你會如何回答？

「天主教規定，不論神父告解時聽到什麼，都不能說出去，對他所聽的一切罪惡有義務絕對保密、絕無例外，稱為『聖事保密』，否則就會被永遠開除教籍與神父職。如果你是神父，賓拉登在飛機撞上雙子星大樓前一小時向你告解，這時你會保密還是會採取其他措施？為什麼？」

「如果神父因此洩密，而你是教宗，將會怎樣處置這神父？如果你是上帝，是否因賓拉登的告解，就會赦免他所有的罪過？」

「如果良知和信仰牴觸，哪一個比較重要？」

幸好你不是我的學生，不用回答這些兩難的問題。不管你的答案是什麼，不妨思考一下，你為什麼下這個判斷？或許思考過程和覺受比答案更重要。

學生的作業報告也是活的，比如回家幫媽媽洗腳、幫爸爸按摩，或是煮一餐健康蔬食給家人吃。讓學生和家人一起做功課，從生活中學習感恩，從關懷家人開始建立人我關係的起點，改善家人互動，這對全家人來說，肯定是活生生的經驗，方能進而關懷他人、社會、環境與生態。

教學生和度眾生，對我來說是一樣的事情；學生也是眾生，眾生都是佛陀的學生。

佛陀法門深廣，至少有八萬四千種課程來教育人類如何離苦得樂。首先要啟發覺性，澄清如夢境般迷迷糊糊的心緒，幫助我們認清自己、面對現實，從而發現生命的意義，以此獲得真實的幸福人生。這是所謂的「覺之教育」，也是華梵大學創辦人曉雲導師立校的宗旨。

大學生，或是任何一個人，啟發覺性是最重要的。有覺知才能發現問題，有問題才能發現答案，有答案才能修正錯誤。**清清楚楚看見當下，才能清清楚楚走向未來，這樣生命才不會有遺憾。**以這種態度來讀書、學習、快樂生活，不是比死讀書拼分數更充實且有趣嗎？

這是每一個人當下能做的。我常告訴學生們，你們還年輕，正在人生的起跑點上，就學會用正確的態度和觀念過生活，真是太有福氣了！劉兆玄先生送給台大畢業生一段話：台大生不應像校內的椰子樹，只顧自己生長，無法提供樹蔭。可見成績與品格不一定成正比，和幸福人生也沒有絕對關係。

我朝著讓學生們更進步的方向走，這些觀念就是我的方向。

當學生記得幫老師準備點心，在校園裡遇見老師會主動打招呼的時候，我知道學生們「上道」了，即便只是向前挪動一步，就是走在進步的道路上，值得掌聲鼓勵。

以下是學生們在留言板上的發言。有的誠懇，有的用心，有的亂拍馬屁，有的隨便說說。不管怎樣，這是我發願要度的眾生。

● 老師你真的是活佛，真的跟常人不一樣。

● 讀華梵真的太特別了，可以看到大寶法王，還能看到活佛，超酷！

● 老師是個活佛，讓我覺得很神奇！沒想到真的有這種人存在，而且就在自己的周遭，只能說這個世界真奇妙。

● 從這堂課學到的實在太多了，無法一一詳述，但唯一最重要的是我有所改變，有所成長，自己覺得很滿意現在的生活，也珍惜又感恩，除了謝謝老師，也很感謝過去、現在、未來出現在我身邊的人。

● 老師上課已經很活潑了，早已吸引了我們，但是會在課堂中睡覺與玩樂的個性，可能早已定型了。

● 對於這門課，其實只要有認真上過一堂課的話，就會想再上一堂課，再一堂課！很神奇的！會被一種莫名的力量吸引進去，然後下了課就開始期待下禮拜，就不自覺想要再上課！

● 這門課是同學介紹的，她說有個活佛老師很不錯，我就誤打誤撞選了。

● 老師人真的很好欸！老師不但有好脾氣，還讓我有補交報告的機會，老師總是笑臉迎人的，超和藹可親～

● 一開始以為，這門課都是講有關宗教的事情，後來才發現老師會讓我們自己選擇有興趣的主題做為報告內容，是非常棒的老師。

● 這堂課比我預期中的學到更多東西，也幫助了自己找到調適情緒的最佳方式。從小自己的情緒就不太穩定，所以學會「自我覺察」，真的幫助我很多。滿感謝老師這段時間的教導，雖然時間很短，但是我學會了如何瞭解自己的身體、自己的念頭，以及更瞭解，人的心靈如果不鍛鍊，是很脆弱的。

● 經由這堂課之後，我學會藉由「正念」來放鬆自己了。謝謝老師的教導，讓我學會在壓力中適當的放鬆自己，謝謝！

● 上完這門課，我能感受到活佛的心胸相當寬闊，畢竟在播放電影時，大部分的同學不是在睡覺，就是低頭滑手機，老師看到這種上課情形，還能保有對學生、對上課的熱忱，我相當佩服，且讓我對課程有相當的理解，與提升了不少宗教知識，謝謝老師。

● 老師人最好了！愛你！

如母眾生

上學期，仁波切老師給學生兩項作業，一題是「回家幫爸媽按摩」，另一題是「做蔬食大餐」。這種題目，學生仍然拖拖拉拉「遲交」作業，理由百出。

「老師，我家在小琉球，可不可以過年回家再幫爸媽按摩？」

「不是我不交作業，是我爸媽不給我按，請原諒，不要當我。」

「我爸爸不能曝光。可以找別人代替嗎？」

有位同學如期交了作業，可是照片裡的「爸爸」像「弟弟」，詢問之下，原來爸媽都過世了，家裡只有弟弟。老師慈悲心大發，心想：報告寫得有點馬虎潦草，不過情有可原，放他一馬。有一天，仁波切老師在學校餐廳遇見這位同學，碰巧「弟弟」也在，「兄弟倆」沒有和老師打招呼，居然一溜煙不見人影！「謀殺」父母是重罪，老師嘆了一口氣，對這位同學處以「極刑」。真虧他掰得出來！

有些事情，要做了才有感覺。父母與成年子女之間不知如何維持親密關係，尤其是父子之間，這是台灣家庭普遍的問題。親子間，往往因為疏忽或拙於表達關心和溝通，造成彼此誤解、疏遠；到年紀更長，父母年老或不在了，才來遺憾已經來不及了。這兩道題目的用意就是要增進學生和父母互動，有互動，感情才能流動，彼此才有溝通理解的基礎。學生一定要老老實實完成作業報告。

已經讀大學的子女，久久不見人影，突然回家幫父母按摩、煮菜，父母「驚嚇」之餘，心裡其實很欣慰。

有位爸爸懷疑兒子在外面捅婁子，才回家「示好」，兒子說明是老師出的作業，爸爸才放心配合讓兒子按摩一下。尷尬又溫馨的按摩過程中，兒子發現，平時嚴肅的爸爸也有幽默的一面，父子間說話的方式也變輕鬆了。

有些同學的報告已經不只是報告了，字裡行間流露出對父母更多認識、體貼和感情，這是學生們真實的體悟和收穫，是課堂上讀不來、老師嘴上教不會的東西，卻正是「覺之教育」的要點。我想爸媽們若看見孩子們的「心情故事」，應該會和老師一樣感到欣慰吧！

中國文化特別重視孝道，勸善之說以「百善孝為先」，又說「忠臣出於孝子之門」，無論正史或稗官野史、戲曲傳說，不斷傳頌忠孝節義的故事。其中雖難免有僵硬的教條，但顯示父母子女之間的愛，是人的基本情感、人格的基本原則，放諸四海皆準的普世價值。以此推而廣之，能兼善天下，對國家社會盡忠，這就是中國《孝經》裡面講「大孝於天下」的道理。

「大孝於天下」的觀念和佛法有相同的地方。佛教教義也經常以孝順父母作為培養慈悲心的基礎，推而廣之普及全人類。但佛法和《孝經》的差別，在於佛法對生命的觀點更開闊，所以推得比《孝經》更遠，將人性本俱的愛，普及到所謂的「一切有情眾生」，即是所有人類和動物，包括蚊子、螞蟻、蟑螂，都是要愛護的對象。

再推得更遠更遠，打破空間和時間概念，佛陀告訴我們，生命是不由自主、無止盡出生、死亡的輪迴過程。不論是胎生的牛馬、卵生的雞鴨魚等等，每個生命都有其生養者。在輪迴中，我們歷經無數次投胎轉世，我們和每一個生命都曾經交會過，曾經是父子、親人、朋友等等。我們愛父母親友，捨不得他們受苦，將這個感情擴大，所有輪迴中的生命都曾經是我們所愛的父母親友，皆是「如母眾生」，因此能對其他存在產生廣大的慈悲心，皆不忍心傷害。

佛菩薩就是以廣大的慈悲心來救度一切眾生。

「佛菩薩從來沒救過我，因為我沒見過。」學生說。

「你們有沒有看過川劇變臉？佛菩薩更厲害，隨時隨地變臉變身，能隨眾生需要示現各種不同身分，可能你向她問路的那個歐巴桑就是菩薩，只是你不知道。」老師說。

也可以這麼詮釋：**心中有愛與慈悲就是菩薩。這不是佛教或是任何宗教的專利，而**

是普世價值。撿菸蒂、扶老人過馬路、孝順父母是菩薩，救助貧苦、愛護動物、保護環境也是菩薩，己欲立而立人、己欲達而達人，更是推己及人的菩薩胸襟。有一副菩薩心腸就是菩薩的顯現，不必拘泥在名詞和形象。

孝順父母是為人處事的根本，當前台大校長李嗣涔遺憾「人人都想拯救世界，卻沒有人要幫媽媽洗碗」時，我的學生主動幫爸媽按摩、煮飯、洗碗、打掃浴廁和房間，對父母來說，比看見菩薩還感動吧?!

只是對「鬼」過敏

仁波切教授您好：

冒昧打擾您了，十分抱歉。

我是XX老師。之所以如此冒昧打擾您，是因為我的一位學生有一些長期懸而未解的狀況，且非諮商心理或醫療用藥可以幫忙的，因而不得已向您求助。

這一位學生似乎有著特殊的敏感體質，據他的陳述中，他很容易受到一些亡靈的影響，當狀況發作時，他會全身不適、失去意識，有時候發作前的某些記憶也會部分喪失。

據這位學生的陳述，他曾經看過多次精神科醫師，但用藥並無成效。這位學生飽受此特殊狀況之苦，不僅經常被迫中斷一般生活與學業；更因無從預期狀況下次何時會再發生，而焦慮與倍感無助。針對這樣的狀況，諮商似乎幫不上忙。

聽聞本校竟有活佛在此，仁波切為眾悲苦現法侶，便燃起一絲希望。不知能否請求仁波切為這位悲苦困擾的學生，提供一些指引或相關資源呢？

祈願～法喜充滿

XX老師敬上

這是學校諮商輔導老師的來信。

這位輔導老師的專業背景應該是心理學方面的社會科學，但是處理學生特殊狀況時，態度是接納和持平的，並沒有因為涉及「怪力亂神」就貼上「精神病」之類的術語和標籤，也能跳脫專業領域，尋求其他管道協助學生，真是不容易。

這位同學去過精神科，吃藥並無幫助。其實精神科醫生的治療方式，不只是開藥而已，而是生理和心理雙管齊下。有一些身心問題，採取諮商或心理治療反而比吃藥有效。藥能控制、減緩症狀，比如憂鬱症，可以吃抗憂鬱劑；失眠，吃安眠藥。但症狀控制，不代表痊癒，這類身心患疾的根源在心靈，而非症狀。透過治療師的諮商治療技巧，向內找尋生病的心理機轉，也是有效的方法之一。

應該很多人對精神科有誤解，以為去精神科就是精神有毛病的瘋子，真是冤枉。現代人壓力大、煩惱多，焦慮、失眠、恐慌，甚至脾氣不好、心情不好都可以去精神科或身心科尋求幫助。電影不也經常出現主角躺在醫生前面的場景？心理諮商治療或精神分析，在國外是滿平常的事情，但收費昂貴，要有錢有閒才行！

這位同學的「靈異」現象，也有可能是精神病理學上的問題。比如說，幻聽幻覺的人會說自己是耶穌或觀音、濟公，或看見鬼神；歇斯底里症的人常昏厥；甚至少見的多重人格症，在不同人格轉換時，會有失憶、昏厥的現象。

也可能是遇到「鬼」了。

誰相信有鬼？不相信的人，如果碰上了，就算嚇得半死，過一段時間「恢復正常」之後，還是不相信。不過這也是人之常情。受歐美文化影響，民國初年以來的主流文化和教育都強調科學理性、破除迷信。所以，擔心全球同質化抹煞區域文化的人，也別老是怪麥當勞、Nike、蘋果，民國初年就已經西風東漸，勢不可擋了。

大家都知道，國父最反對迷信了，以前小學國語課本有國父少年時為了破除翠亨村鄉里迷信，折斷北帝廟神像手指的故事。卻少有人知道，民國五年八月，國父和胡漢民等數人在佛頂山天燈台親睹白衣大士的事蹟。這在煮雲法師所著的《南海普陀山傳奇異聞錄》有詳細記載，國父親筆寫的「游普陀志奇」墨寶，現在還珍藏在普濟寺。

總之，不排除各種可能性，能解決問題最重要。精神問題也好，被鬼干擾也好，對當事人來說，痛苦是真實的。

熱心的老師很快與我約好見面的時間，帶著學生來找我。眼前這位同學，看起來精神不太好，有點遲滯。有些人天生精神體比較弱，一般說法是比較「陰」，容易「煞」到。這也是一種過敏體質，過敏原比較奇怪，不是塵蟎、花粉、灰塵、海鮮之類的，而是鬼。

過敏是滿貼切的比喻。現代人多多少少都有些過敏問題，皮膚癢、打噴嚏、流鼻水，甚至感冒、疲倦、失眠、腸胃不好、憂鬱症，都可能是過敏引起的毛病。有些人坐在家裡看電視，莫名其妙狂打噴嚏、流鼻水，而這位同學則是經過喪家或陰地會頭痛、不舒服。

鬼神之物，不能以一般觀念認知，斷然否定或疑神疑鬼都是偏頗的。孔子說，敬鬼神而遠之，子不語怪力亂神，態度是敬而遠之，不發表意見。佛家則說三界之內——天人、人、鬼——都是眾生，眾生是平等的，皆依循因果法則生生滅滅、輪迴不已，所以看待鬼神之事，不必大驚小怪。中國人有尊天地敬鬼神、不做虧心事不怕鬼敲門的觀念，這很有道理，沒因沒果沒虧欠，鬼神也不會來侵擾你。

我朋友的媽媽非常鐵齒，我去她家作客時，鐵齒媽媽當面質問我。

「仁波切，甘真正這咧世間上有神有鬼？」

「有啊。」

「在叨位？嘛看沒有啊，我才不信哩！」

幾天之後，朋友打電話給我：

「仁波切，我媽媽不小心把觀音菩薩打破了，怎麼處理？」

「怎麼處理？用報紙包起來，小心不要割到手，丟垃圾車。」

「問題是我媽會害怕，是神像啊！」

「不信的人怕什麼呢？」

不信的人很多，不怕的人很少，就是這麼矛盾。這個世界上不能解答、不被理解、不尋常的事情太多了。**對未知的事情保持開放態度，對已知的事情保持彈性觀點，詳細瞭解再下結論，不要隨口批評誹謗**，是不是比較客觀呢？

許多人都知道作家司馬中原先生的故事，他帶著前世的記憶出生，一下地就能說話，把家人嚇壞了；他還描述了經歷地獄的景象，令人嘖嘖稱奇。類似這種前世今生的故事，國內外有許多紀錄，請教 Google 大神就知道。

以佛教的觀點來看，這個空間和時間並不是人類獨享，而是有所謂的「六道眾生」——天、人、阿修羅、畜生、餓鬼和地獄道。眾生根據業力法則，身不由己地在六道中生生死死、上上下下轉個不停，這是所謂的輪迴。所以「鬼」也是與我們人類共享此時空的一種眾生，We are the world。

鬼裡面也有階級之分，福報大有威勢的就是鬼神，比如土地公、城隍爺，他們是享受香火供奉的「好命鬼」。台灣民間有許多「辦事」的宮廟，所供奉的大多是鬼神，可說是貪圖人間香火的協力廠商。

人鬼本來殊途，為什麼有人會受鬼干擾呢？

人曾經死了又活、活了又死，輪迴不計其數，不管做人做鬼做魚蝦，每一世與其他眾生互動，種下善緣或結下樑子，想想累世以來恩怨情仇積了多少？這些是我們的冤親債主。不管是上輩子踹狗一腳還是八輩子前救貓一命，種了因一定會結果，或善或惡，時機成熟自然展現，絲毫不爽，比國稅局查稅還厲害。這是因果業力法則。當「討債鬼」遇見債務人，他就能跟你勾勾纏。

以「對鬼過敏」的比喻，似乎讓這孩子重新覺得自己是正常人，只是「過敏源」不大一樣。

「要怎麼銷帳呢？」輔導老師問我。

「存好心做好事，唸自己信仰的經典，把功德迴向給冤親債主，就是在指定帳戶清償債務了。」

「為什麼只是路過也會被跟呢？」

「霸凌啊，欺負弱小。」我說。人間有不講道理的人，鬼域就有不講理的鬼。

我告訴好心的老師和那位學生，除了積極打銷壞帳，也要改善精神體質。過敏體質的病人，醫生會說要隔離過敏原，注意環境清潔，增加抵抗力等等。同理，容易被靈體干擾的人，也要注重心靈環保和鍛鍊精神體強健，增加「抗鬼力」。多運動鍛鍊身體是好辦法，身體健康，精神自然好一些，但運動鍛鍊對身體有效，卻鍛鍊不到精神體；更有效的方法是學習靜心放鬆，提高專注力，這需要耐心才能日漸有功。

不管接不接受輪迴觀念，信不信鬼神，這個時空不是人類獨有獨享，至少還有其他動物、植物、礦物吧?!「和大自然和諧共處，尊重其他存在」的觀念是必要的。

這次會面之後幾天，我又收到輔導老師來信。

英傑老師您好：

下午的談話真是一次可謂法喜充滿的經驗啊!!

原本讓我們束手無策的狀況、原來陌生的因果業報，在您平易生動的解釋之後，全然豁然開朗。讓我發覺「原來佛法也能如此平易近人」。

您提供的修行方法更讓我驚訝：無論觀想佛光，亦或燈供法，都是簡單容易而且立即可行的。相較這位學生高一開始就只能被動接受、無能控制的無助，這些方法是如此貼近需要、如此帶來希望!!!

回程路上，我與學生聊起她的助人夢想與未來。陽光照耀著我們，我可以感覺到，這位學生的新生與修行，就在這一刻開始。

謝謝您對學生的關懷照顧，她的後續狀況我會再跟您報告。

最後向仁波切致上我最大的感謝。有您的引領與護持，真是華梵之福、台灣之福!!

XX老師敬上

你這個阿彌陀佛
——情緒管理

我在新加坡一個佛學會演講時，認識一對虔信的中年夫妻，他們談吐不俗，彬彬有禮，待人和氣熱忱，人緣也不錯，但是夫妻之間相處不和氣。這倆人的好修養對外不對內，老夫老妻彼此失去了耐性，柴米油鹽醬醋茶一年三百六十五天，芝麻綠豆事都能吵上架，真應了不是冤家不聚頭。

佛學會的師姐建議他們多唸阿彌陀佛，尤其是吵架時，想罵人就唸阿彌陀佛。這對夫妻也受教，只見他們倆不時把阿彌陀佛掛在嘴上，走路阿彌陀佛，開門阿彌陀佛，洗碗阿彌陀佛，打招呼也阿彌陀佛，效果好像不錯，師姐感覺很滿意。

幾個月後，師姐去夫妻家拜訪，人一到門口，就聽見裡面傳來吵架聲：「你這個阿彌陀佛！」「你才阿彌陀佛！」師姐站在門外傻眼，實在哭笑不得。

我問師姐，這麼好笑還吵得下去？師姐說，沒錯，夫妻倆心底各自暗暗竊笑，火氣突然降下來，很快就停戰了。

人在氣頭上，控制脾氣不容易，需要外來元素介入，適時轉移、緩和情緒。最要緊的是控制嘴巴，傷人的語言如瓦斯，又臭又毒，比火上加油更難收拾，所以閉嘴絕對是熄火的第一步。

這個有趣的案例，和情緒管理相關，我將它列入「自我覺察與心靈探索」科目上課的話題，屬於通識課程範疇。

提到通識課，活佛老師的嘴也控制不住要說兩句。在這個通識課被當成休息課的時代，師道的末法時代，老師上課得好聽好笑才能讓學生張開眼睛打開耳朵，不然一個個都在打瞌睡滑手機。老師孤獨地站在這講台，手上拿著麥克風是要唱卡啦ＯＫ嗎？唱一首《教室甘是老師「自我放逐與心靈創傷」的所在》或許能將學生的良心嚇醒。

話說回來，**學生的心態是社會價值觀的縮影。長期以來，我們的教育向智能學習方面偏斜，嚴重忽略情緒管理能力的培養**，學生、家長、教育當局心態如出一轍。

會讀書和有成就肯定不是同一件事，多少ＩＱ高、成績優異的學生，出了社會以後承受不了挫折倒地不起，令人遺憾。有些學生成績平平，卻有屢敗屢戰、愈挫愈勇的能力，反而能在職場上獲得出色的成就。這些道理並不高深，不需要學者專家長篇大論，而以一般經驗談就能理解，但我們的主流價值仍然不斷將年輕人的人生推向偏頗的道路。

這是社會性缺乏生存安全感、集體焦慮的現象。中國人尤其崇尚實際民生，考試一百分和一百萬鈔票看得見摸得著，心裡才踏實，至於虛無飄渺的情緒、心靈，則被貶抑為不切實際、理想化，和吃飽飯無關的事不重要。**事實上，比較有能力處理自己的情緒，挫折忍受度高的學生，社交能力和專業表現也比較傑出；又事實上，現在培養好情緒管理能力，將來在職場上才吃得開。**

情緒管理的重要，看另一位台灣之光陳偉殷的表現就知道。他在美國大聯盟當菜鳥時，一個球季就摘下十二勝，還協助金鶯隊打進暌違十五年的季後賽。他能在日本、美國棒球界揚名的原因，就是投球穩定度高，沒有明顯起伏的心理素質。媒體採訪他，他的話題大部分圍繞著「情緒管理」。他說，大聯盟臥虎藏龍，技術面相差無幾，重點在於如何「鬥智」，球員的情緒控制有問題，臨場暴露的弱點就愈多，愈容易讓自己陷入劣勢。羨慕陳偉殷年薪上億台幣的二十二K大學生，不如羨慕陳偉殷的努力、實力和情緒管理能力。

現在年輕人老是被媒體形容是「草莓族」、「啃老族」、「尼特族」、「月光族」。Google一下即知，草莓族是形容約一九七一年以後出生的世代，抗壓性低、受挫性低、忠誠度低、服從性低……等（我猜他們的父母普遍血壓高）。尼特族，Not in Employment, Education or Training，專指不升學、不就業、不進修、不參加就業輔導，終日無所事事的青年族群。香港稱為雙失青年（失學兼失業）；美國稱為歸巢族，指子女畢業、就業後又回老家依靠父母；中國稱為啃老族，靠啃食父母老本過日子。月光族，指月薪花光光、總是捉襟見肘的年輕人。

這些ＸＸ族的身影，一點也不陌生，或許在自己家，或許在鄰居親戚家，父母長輩抱怨、嘆氣的聲音越來越大聲。這是全球性的社會現象，這樣的年輕人不斷增加。探討這些問題，學者專家有許多精采的長篇大論，以及值得參考的意見。但除非整個社會主流產生改變的意願，否則再多討論也是蚊子叮牛角，無關痛癢。

家有ＸＸ族，或你就是ＸＸ族，問題在自家裡有切身之痛，就不能無動於衷。談全球性、社會性似乎太遙遠，不妨把眼光回到自己身上，看看自己如何面對挫折壓力，以及如何調適情緒。

確實，這是個壓力環伺的年代，學業、感情、工作、家庭，大部分人的身心都承受許多負擔。但是，**如果路上都是刺腳的石礫，你應該穿上堅固耐磨的鞋子上路，而不是期待每一條馬路都鋪上羊毛地毯，或是永遠不出門。**

陳偉殷站在美國大聯盟投球板上，他如何在幾萬雙眼睛盯視的壓力下維持冷靜去和對手鬥智？當下他的心理狀況如何？他必定有很好的抗壓性和情緒控制力，而這些能力不是站上投球板才有的，必然是平時長期自我要求的功夫，他平時就在保養鞋子了。

當學生問我，如何對抗壓力？我總是說，不要對抗，壓力不是敵人，只是一個訊

號，壓力來時，代表事或物的處境讓你承受不了了。你可以想像自己是大聯盟的明星投手，幾萬雙眼睜盯著你，三好兩壞滿球數，你要做的是冷靜分析現況，跟對手鬥智，而不是讓那些盯著你的眼睛給壓垮。

在給出建議之前，我先問學生：你相信自己會改變嗎？不相信的話，說什麼都沒用。草莓族、啃老族的心裡，就是有太多的「不」——不對，不會，不爽，不想，不信，不可能。人生就這麼「不」掉了。如果你願意試試，減低壓力、調適情緒的方法有很多，效果比你想像中的好，活佛老師掛保證。

現在大學教室裡也有許多「不」學生，他們不停滑手機打瞌睡、不只一次翹課遲到、吃便當，就是沒有不好意思。給他們長篇大論，不如讓他們動起來。

我給學生葡萄乾，一人一顆。同學們拿著葡萄乾，你看我、我看你，不知道要幹嘛。「等一下請大家把葡萄乾吃掉。吃的時候，請你假裝不知道它是葡萄乾，以從來沒看過這東西的新奇感來體驗吃它的滋味，慢慢咬、慢慢吞，專注在吃的感覺上。」

結束以後，學生發表心得，有人發現原來嘴裡口水這麼多；有人說，以前沒仔細吃，原來葡萄乾有皮；有人覺得葡萄乾黑黑的變噁心了；有人感覺慢慢咬口感變得不像平時的葡萄乾。儘管想法五花八門，但對吃這個動作都有新發現。

夏天，我讓學生躺著上課，練習身體掃瞄。躺下來較能放鬆身心，然後集中精神聽從指示，自頭到腳一一感受身體每個部位。這是放鬆身心的體驗。

或者，走出教室去練習走路行禪。

「老師，學校這麼大，我每天都在走路。」學生說。

「那你知道你走路先跨左腳還是右腳？」我問。

學生答不出來。每天走路，但是從沒有專心的走，所以不知道腳的感覺。

這些練習都不困難，更不高深，要領就是專注在當下，如實擁抱身心的經驗。睡覺、吃飯、洗澡、走路、排隊、搭捷運、打電腦等日常生活都能練習，這就是「生活禪」。禪修並不如想像中的困難和神祕，也不只是要你學和尚坐在蒲團上如如不動，行走坐臥都可行。

專注當下的行為感受，能幫助我們放鬆身體和情緒，讓身心安頓，帶來新的體驗和觀點。就像發現葡萄乾有皮、走路先跨左腳一樣，一點小小的不同，小小的體會，就是改變慣性思考和僵化的生活模式的第一步。同時，累積足夠的練習，也會提升感受能力。生活中總會有許多美好、感動的片刻，用心去感受，能讓心變得柔和寬容，這個世界就不會如此令你刺眼，路上的石礫也會變少。

所有的改變必然是從自己、從心開始。學業、感情、工作或家庭的困境或許沒有

立刻變好，但你用不一樣的觀點去看待那些困境時，應對的方法就不一樣，這將帶來解決的契機。普魯斯特說：「真正的探險旅程不在於發現新風景，而在於開啟有能力觀看的新眼光！」這種開啟新眼光的能力，就是我們的偶像陳偉殷站在投球板上所擁有的能力——專注冷靜，以新的眼光分析每一球。

身心安頓，就是最好的情緒管理。專注當下，就算只有一秒，都是好的開始。過去的已經如煙消逝，未來的沒有絕對的掌握性，你能擁有的就是現在，生活在當下。同時，情緒管理是觀察、處理自身情緒的技巧方法，好或壞的情緒並未消失，**情緒管理不是檔案管理，放整齊收進抽屜就沒事了。每個人都要快樂，但「永遠快樂」是一種錯覺，而不快樂是一種壞習慣，正面的心靈能力是可以培養的。**

聽完那對阿彌陀佛夫妻的故事，學生問：「老師，不是佛教徒怎麼辦？」

「要舉一反三啊。你這個哈里露亞！」

阿彌陀佛！哈里露亞！

你不是沒有快樂

——改變想法，換腦袋

學生提出問題：我媽媽是佛教徒，為什麼常常不快樂？

老師仁波切告訴學生，佛教徒的主修科目是「如何離苦得樂」，但學生的程度和福氣不一樣，成績也不一樣。就像這疊考卷，你們都是我的學生，可是每個人的成績高低不同。佛教徒都是佛陀的學生，是正在學習離苦得樂的人，他們距離目標或遠或近，至少已經在路上，比沒聽過佛法或不學佛法的人有福氣。

或許某些人雖然是佛教徒，仍被認為常常不快樂。老師認為不是佛教徒不快樂，是因為不快樂，所以才到佛教尋求安樂的方法，還沒熟習方法前，雖仍有不快樂，但肯定是朝快樂的方向前進的。患者去醫院看病，有病可不是醫生的錯，也不是看到醫生病就會好，而是要遵照醫生處方，照三餐服藥啊！

佛陀對生命的苦和樂有非常高深的詮釋，更了不起的是，除了理論，還有詳細的「操作手冊」，引導我們脫離痛苦、走向生命的究竟。佛陀瞭解人們需要幸福快樂，為了讓大家有效學習，講授了八萬四千種課程，讓不同程度、喜好的學生皆能隨緣選修。佛陀用心良苦，兩千多年來，有千千萬萬人受教受惠，成績優秀的學生數如恆河沙遍布宇宙，是真正的教師楷模、萬世師表。

佛陀知道我們不快樂，因為這個地球所有一切人、事、物，無時無刻不在變化，沒任何一個什麼是固定的、恆久不變的，都是無常的。有變化，小孩才會長大，花才會開，一〇一大樓才會憑空而立，財富才會累積；也因為變化，人會死，花會謝，一〇一大樓會消失，財富分配會重新洗牌。如果只想要生不要死，只要花開不要花謝，只求累積財富不接受可能失去，佛陀會斬釘截鐵說：「你是在作夢，不可能。」

我們認為快樂的來源有哪些？《天下雜誌》曾經做過調查，受訪者認為，快樂來自健康、錢、有趣的工作、婚姻愛情、小孩、獨棟花園洋房、進口車子等等。擁有這些確實能帶給我們生活上的快樂，大部分人窮盡一生都在追求物質享受。人出生在物質世界中，所以佛陀並不反對我們追求物質，但是要擁有多少才會滿足、快樂呢？

媒體報導過帝寶貴婦和賣菜阿嬤陳樹菊的故事。這位貴婦有五百萬 Fendi 皮草、七百多萬的愛馬仕柏金包，記者形容她的豪宅奢華無與倫比。她和先生是矽谷富豪，擁有百億身價，皮草、皮包和五億豪宅和他們的身價相比，只是標準配備。台東的賣菜阿嬤陳樹菊，貴婦有的她都沒有，但是她以賣菜所得，二十五年來總共捐出一千萬元，給孩童基金會和學校蓋圖書館，以及認養孤兒。

我們可以肯定的說，這位貴婦比陳樹菊女士富有，但不能說她比較快樂；絕大部分人相信陳女士是知足常樂的人，我們也可以肯定她的愛心已經帶給許多人快樂。可見快樂和錢多少沒有絕對關係，否則富豪排行榜就會等於快樂排行榜。

佛教並非視金錢為罪惡，錢本身是無辜的，有問題的是貪婪的心。佛陀教導我們對錢財、物質享受要有節制，奢侈無度的生活，浪費的不只是看得見的銀行存款，也在浪費看不見的福氣，猶如地球的資源再豐富也有耗盡的一天。

有錢是福氣，但怎麼花錢，和未來的福氣有關係。花五百萬買皮草、七百萬買皮包，剝奪動物的生命來滿足自己的需求，把快樂建立在他者的痛苦上；和「錢，要給需要的人才有用」，用錢帶給別人快樂，這兩種不同的觀念行為，將在此生或未來世創造不同的善惡結果。

佛教徒也不是要故意節儉，住破爛的房子，穿邋遢的衣服，過窮苦的日子。財富是前世的福報因緣，好好享用是沒問題的。享用財富，瞭解財會來、也會去，有錢沒錢都不會要死要活，才能保持金錢和快樂之間的平衡關係。

為了要有錢，大部分的人必須工作。我的學生說，最完美的工作是「錢多事少離家近，位高權重責任輕，睡覺睡到自然醒，數錢數到手抽筋」。如果有這種工作，大家肯定很快樂，可惜只能是「如果」。現實情況卻是壓力大、競爭激烈、大學生工作難找、工時八小時以上、薪水二十二K，還要擔心失業。這種狀況下，大部分的人只能被工作選擇，不能選擇工作，除非擁有符合就業市場需求的特殊專才，一般人想找收入好又有趣的工作談何容易。

想歸想，大部分人還是選擇穩定的工作。台灣每年動輒十多萬人報考高普考，因為公務員是鐵飯碗，工作有保障，福利好，朝九晚五穩定的小確幸生活令許多人嚮往。

我去台中市政府研考會演講時，一位資深主管卻告訴我，想進來當公務員的人很多，但新進人員待不住的情況也很多。

現在台灣公家機關服務品質很好，有報紙有咖啡，處理案件又快又親切，遇到「刁民」多能耐心接待，服務品質幾乎可以申請 ISO 9001 認證。現代公務員是公僕，不再是以前的官僚衙門。而這些遞茶遞水挨罵的事，都是新進人員的工作，他們之中不乏二十年寒窗苦讀的碩士、博士，每天做這些單調乏味的「鄙事」，不久便萌生退意。

當初辛苦考進來，沒想到期待中的穩定其實是無聊無趣，想辭職，心裡又是一番掙扎。到底什麼工作才會讓人滿意呢？

另一位朋友在法院上班，他的工作是收發文件，每天蓋官印，蓋到手扭傷。他還在實習階段，已經忍不下去了，來問我有沒有其他發展的可能性。

「當然有啦。」我斬釘截鐵告訴他。

「我可以換工作？」他說。

「不是換工作，是換腦袋。」我說。

他認為目前的工作不能學以致用，沒有意義，不快樂。

「當你變成資深人員時，你希望自己在蓋章、收發文件，剛進來的新人坐在後面納涼嗎？」我問他。

「當然不可能。」他說。

「那你就要接受現狀，這是你的必經過程。」我說。

任何工作都有存在的意義。我建議他，去思考那顆章的代表性，而不是蓋章的動作。為什麼不這樣想呢？每當你蓋一個章，就有許多人的官司在冗長的訴訟過程中有了進展，距離他們的主張訴求又近了一步。你的章代表法院，代表某件事的法律確認性，有人正在期待著。沒有這顆章，公文只是一張廢紙，所以你每蓋一個章，就有人獲益，就是在利益眾生。用這種心情工作，意義就不只是機械性的蓋章動作了。

我勸他換個角度想一想，他的問題不是換工作能解決的，工作和興趣不能兼得，就要衡量現實狀況，想清楚自己到底想要什麼。**事實上，工作只支付報酬，不支付意義和快樂；你必須學習發現工作意義和快樂的能力，這和工作能力成正比。**

就是因為理想工作難找，才需要多磨練，積極為自己創造有利的條件，才有資格選擇工作，不被工作選擇。**工作的意義、成就感和快樂，就像水龍頭，你得有打開水龍頭這個動作，才有水流出來。不是工作沒有意義、成就感和快樂，是你還沒有打開水龍頭，甚至還沒找到水龍頭。**

職場上的年輕人、新進員工碰到困難的時候，第一個想法常是「我不知道」、「我不會」、「我還在學習」、「沒有人教我」、「客戶太爛」、「老闆不好」。這種防衛性的思考方式，不會讓你成長，只會讓你愈做愈難過。換個立場來想，如果你是老闆、主管，這家公司是你的，你會怎麼做？相信你一定會積極、主動去找解決方案，而不是坐在那裡怨天尤人。換一個位置，設身處地為他人想一想，當你能理解別人、為別人著想，對立衝突消失，自然能得到平衡的結論。這是佛法中「自他交換」的觀念。

想得到好結果，先讓自己變得更好。這是活佛老師最強的咒語。

當學生問：「如何找到理想中的情人？」

還是這句話：「先把自己變成別人眼中理想的情人。」

公主嫁給癩蛤蟆，癩蛤蟆也要變王子才速配吧！就算找到理想中的情人，公主和王子想從此過著快樂幸福的日子，也不是容易的事。當愛情被柴鹽油米和臭襪子分解時，當我們對愛人的耐心被時間消磨殆盡時，禿頭王子和肥婆公主往後的日子怎麼過？

竹旺仁波切是老師的老師，在某次佛教集團婚禮上，竹旺仁波切對新婚夫婦們開示：「大家不要再做夢了！」以高僧清醒的慧眼看眾生，這無非是一場「夢中的婚禮」。

說到這裡，同學們哈哈大笑。最好學生們三十年後還笑得出來！真的，如果學生們現在能瞭解「愛情的本質是自私」，而能在未來的日子裡，擁有愛情婚姻的時候，減少自私，多為對方著想，三十年後，當他們想起老師仁波切的話，就能會心一笑，而不是苦笑。

以佛法的慈悲觀來看，愛情是有條件的。你愛他，因為他擁有你喜歡的特質，可能是英俊美麗、才華、有錢、個性溫柔、性感、幽默等等。當有一天，你發現這些特質消失了，或者是對方根本不是你想像的那麼一回事，愛情就破滅了。很多夫妻結婚一、二十年之後，才發現身邊的人是「最熟悉的陌生人」，只好「因誤會而結合，因瞭解而分開」，或是無奈地「我就這樣過了一生」。

真正的愛是慈悲，無條件的奉獻，全然的為對方著想，以對方需要的方式去給予，而不是以你認為對的方式，以及給別人全部的自由。然而婚姻、愛情並不具備這些特性，反而是排他、占有、要求回饋。兩個自我為中心的男女的結合，相處久了，快樂的空氣只會越來越稀薄。除非你能化去心中那條線，無私無求地愛，甚至對方劈腿、外遇時能收起恨而給予祝福和自由，否則人類的愛情是一場不可能圓滿的夢。

父母對子女的愛也同樣充滿條件性。如果你的小可愛、小寶貝，長大以後變成刺龍刺鳳的混混、同性戀，你的愛不會減損嗎？如果他們的結婚對象是你最討厭的那一個，你能無怨無悔給聘金或嫁妝嗎？愛的進行式就是這樣，互相期待、彼此要求，很難圓滿。

佛陀洞悉世間情感沒有圓滿性，因此教導我們，必須培養沒有界限和框框的慈悲之愛。慈悲的心能放下自己，去理解對方的感受，能包容、忍耐，不帶任何條件地給予，以此真正利益他人，也讓自己受益。

雖然兩千多年前，佛陀為了追求真理而放棄了顯赫的事業（王位）、超大花園洋房（皇宮）、妻子（皇后和後宮美女）、比賓士更貴的黃金馬車，但佛陀是要提醒我們，房子、金子、妻子、兒子、車子都是無常的。當我們認清這個事實，就不會無止盡地向外追求，不會對人、事、物過度期待，就會瞭解，**每件東西都能有價碼，但不是每個東西都可買賣，快樂來自內心的滿足**。對快樂有正確的觀念，才能成為一個快樂的人。

「我」ing

此生，就是你這個存有的全部狀態，你和你所知的人類、生物，基本上的組成只有兩個成分：精神與物質，這是最基本的。

物質的部分比較容易理解，從解剖學、醫學上我們能獲得直接證明，身體中的血液、細胞在固定周期就會全部新陳代謝汰換過一次。那麼，生命從什麼時候開始呢？從受精那一剎那開始，受精然後細胞分裂，這是從生物面看到的，我們認為的生命開端；接著出生，漸漸成長，開始經歷生老病死的過程。所以出生的那一天就是悲劇開始的那一天，因為你就是從那一天開始邁向死亡，就這麼簡單，只是每個人的壽命時間不一定而已。這就是「我」的物質基礎。

物質面「我」的存在似乎是毫無疑問的，這個活跳跳走在生老病死途中的就是我。但除此以外，「我」還有其他可能性嗎？

「我」是什麼？請先想一想，今天你有沒有吃水果？

這很嚴肅，請問你今天吃水果了嗎？有人說吃過水果了，有人說沒吃水果。以上回答皆非！你可以說吃了香蕉、芭樂、鳳梨，你就是沒吃「水果」，這個地球上沒有一個叫「水果」的東西，水果是一個總概念，一個名詞，並沒有一個單獨的、可以吃下去的東西的名字叫做水果。

同樣的，「我」是一個集合概念。請看著你的身體，哪一個部分能代表你呢？今天搭捷運很擁擠，有人撞了你，你「瞪」他一眼，為什麼？因為他撞了你。他撞到你哪個部位？手嗎？可是，手不是你，否則外科手術截肢斷手的人怎麼能活下來？那被截斷的、和身體分離的手，不是你。

我們對於「我」的概念，是一種強烈的執著。有些老人家剛開始不知道有糖尿病，腳趾頭一撞就瘀青，隨便塗膏藥，一直到腳趾頭潰爛了，才知道必須截肢。從一根趾頭開始爛到一隻腳掌，他還是不願意動手術，一直爛到了小腿，不截肢不行了，他還要問醫生，可不可以冰起來？因為他要留全屍。

這就是執著，我們很執著那個整體的「我」的概念，但是當你把它細部分解之後，那個整體的概念並不存在。假設你被解剖了，你的血是你嗎？你的肉是你嗎？不是，骨頭不是你，大腿不是你，手臂不是你。想想那個被截肢的老人，腐爛發黑的腳已經不是他的腳了，更不能代表他。所以，眼睛、鼻子……身體任何一個部位都不能是你。看過「人體奧妙——生命循環」展嗎？人體經過細膩的解剖，皮、脂肪、肌肉層、神經組織、血管……那都不是你。

我們對物質「我」有強烈的執著，如果物質的身體不是我，那就要從「心」談。什麼是心？看不到、摸不到、聽不到，但是會心痛、會傷心。心痛又沒辦法測量是痛到十度、八度還是七度，沒有量表。我們認為的、感受到的心，在佛法來說就是意識的相續，一個念頭接著一個念頭，不斷連續著的意識就叫做心。但是問題來了，要解決這個問題，必須去淡水河，不是因為心情不好要跳淡水河，而是藉著分析，我們發現，並沒有真正實有的淡水河。你細看淡水河，每一剎那的水都不斷地在流動，「淡水河」也是概念而已，河水是由不斷流逝的水形成的，逝者如斯不捨晝夜，沒有一個固定不動、永恆的東西叫做淡水河。

又比如「刻舟求劍」的故事，劍掉進湖裡，船一直往前走，即使在船身上刻痕，那也不能找到劍的位置了。我們的心，佛法上所謂的「心相續」也一樣，是前一個念頭跟後一個念頭、跟現在的念頭，不斷地在變動的意識流，我們概念上將這個意識流認作「我」。

所以《金剛經》上說「過去心不可得，現在心不可得，未來心不可得」，因為過去已經過去了，沒有人可以再拿得出來。好萊塢電影《回到過去》和卡通《哆啦A夢》，就是假設過去是一個靜止不動的狀況，所以能回到過去。如果佛陀當年有看卡通的話，他會告訴你，哆啦A夢是個可愛的錯誤。這麼一說大概毀了很多人的童年，不過，這就是佛法的功能，因為佛陀就是揭櫫究竟實相、摧毀生命幻象的專家。

過去已經過去了，永遠回不去的，所以人生不要空留遺憾。愛要及時，不要等到九十歲快死的時候，才在想當年二十歲那個最愛的人能不能再見一面，沒用了，你當時不敢面對，現在快死了才遺憾，而且這是你自己的遺憾，不是對方的遺憾。

過去的永遠無法挽回，那麼，現在是什麼？事實上，沒有「現在」，沒有一個會停留的現在。當我們說「現在」的時候，「現在」已經成為過去式了。「未來」是什麼？未來還沒有發生，你也不可能把它搬過來。這就是心的狀態，時間是一個串流的概念，心是連續的意識流。

我的學生每天都在做夢「我將來要怎麼樣……」，現在不認真聽課，將來在哪裡？我問他們，你們畢業後想要多少薪水？大家都說要四、五萬。我又問，那你會什麼？什麼都不會。你有這個夢想很好，但是沒有「現在」的努力，月領四、五萬的未來真的只是一個夢。

佛教不認為有一個實質的「我」，所以我們才會說「心相續」。台灣俗話說「未注生，先注死」，物質身體注定有壞掉的一天，心卻是連續不斷地無始輪迴，永遠的ing進行式，一直到成佛為止。但這並不是說，死了以後有個跟你長得一模一樣的人，就從你的身體裡面爬出來換房子住，那還得找房屋仲介啊！不是這樣。概念上的那個對於「我」的執著太重了，所以你會有一個「我」，是那個「我」在延續。可是那個「我」也是禁不起分析的，所以沒有一個最小單位的「心」，因為它也是不間斷的很多很多時間單位，一個剎那、一個剎那所接續的。

所以佛教裡面最後講的是「無我」，當你認識到無我的時候，才能夠解脫。解脫是什麼呢？解脫並不是將來我們都會變成億萬富翁住在一個豪宅裡面，每天無所事事享清福；解脫也不是有一天我們會長出翅膀與一群光屁股的小孩在天上飛來飛去，這個不叫解脫。解脫是：當我們對「我」的認知改變了，當這個輪迴的迷夢醒了的時候，就是得到解脫了。

Part 3 佛法不思議

所有的改變必然是從自己、從心開始，
才有機會找到生命的究竟意義。

什麼是佛教？

什麼是佛教？很多衝突或分歧是從這個問題來的。學術上的分類，從佛陀在世時的根本佛教或是原始佛教；到佛陀涅槃後，因弟子對教法見解不同，形成「小乘佛教」的部派分裂，繼與「大乘佛教」分歧；到了大乘佛教盛行的時代，又有初期顯教以及中後期的密乘，學術上大致如此分類。

針對這個問題，過去印度佛教時期已經有很多辯論，因為小乘不接受大乘，大乘不接受密乘，每一方都宣說是佛陀的本懷。到底什麼才是佛陀的本懷？或者是什麼才叫做佛教？這是值得思考的問題。

小乘和大乘之間的抗詰，《大乘經莊嚴論．成宗品》裡提出八個答案，談到大乘不但是佛說，而且比小乘還要殊勝！如果有人對顯宗和密教之間有疑問，就可以依照大乘對小乘的回應比照辦理，援引這幾個答案就解決了。

以上是以時間的線性發展過程來談佛教的小乘、大乘和密乘。若要論顯、密佛教的差異，或是什麼是純粹佛教，這牽涉到一個重要的問題——什麼是佛？什麼是佛法？佛教內部談論這個問題的觀點，其實已經先存有一個重要的假設，就是有一個東西叫做純粹的佛法，如果不是這樣的話，就不是純粹的佛法，就應該被排除排斥。

在我的學習歷程中，以前台灣的環境不容易接觸到密教，因為從元、明、清朝以來，密法是宮廷御用的佛法，加上國家有一些懷柔邊疆的考量，一般民間仍是禁止接觸的。關於這點有很多不同的說法，有的說：因為密法太厲害了，皇帝或統治者為了確保政權，所以將密教御用、宮廷化。姑且不論真實目的如何，事實上，古時候接觸密法的人，身分都是非富即貴的皇親國戚，即使到民國初年還是如此，早期至少是省長級以上，或部長級以上的人物才有機會接觸到密法。這也給人一種印象，叫作「窮禪富密」，學密宗要花很多錢，學禪宗什麼都不用，不用花錢，因為修密法需要一些法器、布置壇城等等，所以會有花費。至於是不是一定要這樣呢？這是以後可以繼續深入討論的問題。

什麼是佛教？舉一個例子說明，或許大家比較容易理解我的觀點。我們每個人心中都有一個理想的「我」，比如說是永遠二十五歲那個很年輕、很帥的「我」；雖然看鏡子的時候，現在和二十五歲的我已經有落差，但我們的自我概念仍然是那個理想的「我」。八歲時候的我，二十五歲時候的我，跟現在的我，哪一個才是我？有人說全部都是，但，也全都不是。因為這些「我」之間是有差異的。

舉這個例子是要告訴大家，從人類的歷史來看佛教，在不同的時間點呈現出不同的樣貌，它都是佛教，因為它具備了一些共同的特質，這些共同的特質讓我們理解這是佛教；但當我們以線性時間來切割佛教，就會產生矛盾跟衝突，比如八歲時候的我，身高、體重、心智、各方面和理想中的我都不一樣，因此而被否認，是同樣的道理。這是一個譬喻，現在學術界討論哪一個才是真正的佛教，就會面臨這樣的問題。

但是不管小乘、大乘或是密乘，都必須共同接受的一點，就是一個很簡單的偈子「諸惡莫做，眾善奉行，自淨其意，是諸佛教」。

「是諸佛教」，這四個字怎麼下逗號也會有很多問題，「是，諸佛教」，「是諸，佛教」，「是諸佛，教」，中文厲害的地方就在這裡，每一句都代表不同的意義。

但我們可以這樣理解：「諸惡莫做」，是小乘佛教所特別強調的，關於因果、業力、善惡業障的問題；「眾善奉行」，是大乘法的特色，強調菩薩行、利他，即使損害自己的利益也願意去做；「自淨其意」是密乘的特點，強調如何淨化自己的心。這並不表示，有這特色，就沒有其他的特色，而是各自強調的重點不同。這是關於「什麼是佛教」的一些觀念。

佛，是奧斯卡最佳演員

在我們這個地球上，以人類身分出現的佛，是在西元前六世紀，距離現在大概兩千五、六百年前的釋迦牟尼，他就是佛教的創始人。

很多人以為釋迦牟尼姓「釋」，因為中國出家人都姓「釋」，其實這是錯的。「釋迦」是族姓 Sakya 的音譯，「牟尼」是這個人的特質，是個很安靜的人。「釋迦牟尼」就是「能仁寂默的釋迦族人」。釋迦牟尼本姓喬達摩（Gautama），名字叫悉達多，他是一個小城邦迦毘羅衛國的太子，當時印度有許多很小的城邦。

釋迦牟尼是哪一國人呢？若依照現在的國界來看，他是尼泊爾人。他出生的地方叫藍毘尼園，現在屬於尼泊爾，依照現在的國籍法，釋迦牟尼算是尼泊爾人。但國家觀念興起於近代，在古代時，就籠統的把他算做印度人。釋迦牟尼佛主要的活動區域在恆河流域附近，因此朝聖之旅的聖地也大都在恆河流域附近。

釋迦牟尼捨棄王子的身分，出家學道之後成就佛果，在菩提樹下大澈大悟，他體悟生命的真相與真理就是「諸行無常，諸法無我，涅槃寂靜」，講經教化四十餘年，影響後世兩千餘年，因此我們尊稱他為釋迦牟尼佛，由他講說的教法，就稱為佛法。佛陀住世八十年，和我們一樣，一生歷經生老病死的過程。

什麼是佛？小乘、大乘和密乘各有不同的說法。

對於部派（小乘）來說，佛就是兩千五百年前出生在印度的那個歷史人物——悉達多太子。他後來成佛了，成正覺、覺悟了，他叫做佛。以小乘的觀點，佛坐在菩提樹下證悟的那一刻之前，還是個菩薩，不是佛，證悟了之後才是佛。所以他在兩千五百年前已經進入涅槃，這在南傳跟北傳有不一樣的說法，佛曆也有不一樣的算法。

涅槃就是死了，說好聽一點就叫做涅槃、進入涅槃。小乘聖者的死亡叫做「灰身滅智」，就是這個色身、智慧都沒有了，而且不受後有，不用再來輪迴了。那他去了哪裡？他們不討論這個問題，反正是不再來了，這是小乘的觀點。因此才會有「有餘涅槃」跟「無餘涅槃」的問題，「有餘涅槃」就是在生前已經證道，但五蘊色身還在；「無餘涅槃」就是已經證道，且色身已經收攝、結束了。

大乘法的觀點則不同。在彌勒、無著的經典裡，都特別強調三身的概念，所謂三身即是法身、報身、化身。三身可以再歸納為二身，即法身和色身。色身（rupakaya）是有形有象的，又可分為清淨跟不清淨，清淨的是報身（sambhogakäya），因為我們是不清淨的眾生，所以看不到報身的形象。為了要度化我們這些不清淨的眾生，於是有化身（nirmanakaya）的顯現。而化身又再分不同的化身，比如有應化身、報化身。

應化身是什麼？比如說忽然遇到地震，你非常緊張，非常虔誠地念南無觀音菩薩，觀音菩薩真的現前救了你，這就是應化身。應化身沒有物質基礎，是你一念至誠的感應顯現。台灣曾經發生過一個例子：火災濃煙密布中，有個人逃不出去，就坐下來不逃了，專心念觀音菩薩，結果看到走廊有個方向上面有光，他認為有光就有出口，便朝著那個方向走，果然走出去了。他認為這光就是觀音菩薩顯靈，雖然他看到的不是觀音菩薩的像。所以，佛菩薩的示現，可以有很多很多不同的展現。大乘經典裡面提到諸佛菩薩可以化現為橋樑，因為以前渡河不是容易的事；或者祂可以變水井等種種能利益眾生的工巧化身，這類化身不一定是血肉之軀。

當然祂也可以化現為和我們一樣血肉之軀的五蘊身來示現，那麼這種化身和清淨報身比起來，也是不清淨的，我們共同都看得見的，所以他就會有生命現象、有生跟死。

至於法身是無形無相的，祂是佛的智慧，我們看不到，甚至菩薩也不完全理解佛的究竟智慧。要到成佛、圓滿的階段，才會真正俱足法身、報身跟化身，連菩薩也不具有完整的三身。登地以上的菩薩只能見到一分法身，舉例來說，初一的月亮跟十五的月亮雖然都是月亮，但還是有差別，不過本質都一樣。

我們這些迷謬的眾生看不見天空，是因為沒有拉開窗簾。古時候的窗戶是紙糊的，如果把它戳破一個洞，所看到的天空，就好像初次有了禪修的體悟，就是所謂的開悟的經驗；但是你所看到的天空，只是井底之蛙的一塊而已，天空的本質則是沒有差別的，你需要不斷地去保任，深刻之、鞏固之、穩定之，然後就能慢慢見到所謂的完整的虛空到底是什麼。

對大乘法來說，歷史上的釋迦牟尼是度化眾生的化身顯現，其實祂早就成佛了。這個宇宙不是只有地球，是有十方的世界。十方是印度的一個空間的概念，指東、南、西、北、東南、西南、東北、西北、上、下。其中的東、西、南、北、上、下，就相當於現在的三度空間描述。所以釋迦牟尼早在久遠劫前就成佛了，佛到這個世間只是來表演的，給身為人類的我們一點信心，一個平凡的人最後也能成佛，所以祂是來演戲的。這是大乘、小乘對於佛不同的認知觀點。

三世因果怎麼算？

養生送死，是中國自漢代以來儒道各家思想、宗教信仰中非常重要的主題。尤其是中國文化主流的儒家，對這個主題的觀點是比較現實、功利的，這影響了大部分漢人的生命態度。養生送死也確實是一個最現實不過的問題了，人的一輩子就是從生到死的過程，不能含含糊糊的「我就這麼過了一生」。

儒家思想的重點是「修身齊家治國平天下」，修身的目的最終就是要平天下，是為了一個遠大的政治目的、現實目標而修。雖然天下太平對眾生也有利，但人不是有飯吃就能幸福快樂，政治如果能帶給人類幸福快樂，孔子自己也不會改行當老師了。想要「活得好、死得好」，最終要面對的還是生與死的根本問題。

身而為人，不管你想來也好，不想來也好，你已經來了。這其實是我們的困境，你已經來了，想走也走不了。

有個長輩九十幾歲了，耳聰目明，行動自如，能吃能喝，子孫也滿孝順的，可是老人家經常自怨自艾「趕快死一死好了」。想死又死不了，人生也沒有目的。三個月住女兒這邊，三個月住在兒子那邊，兒女並沒有虧待老人，但是老人家抱怨一堆，比如住兩邊很不安定啦，兒媳婦都出去做慈濟照顧別人啦，不照顧自己人。我跟老人說，那你現在趕快打電話給慈濟，說這裡有一個孤單老人需要幫忙，這樣別人的媳婦馬上就來你家照顧你。媳婦在家你真的會高興嗎？其實是嫌東嫌西，相看兩相厭。

很多老人最大的問題就是太長壽，一天過了又一天，沒有希望、沒意義的活著。有些老人家坐在電視機前面睡覺，你把電視機關掉他就醒了，電視一打開就睡著了，其實沒在看，就是無聊，只是打發時間。所以在這種悲劇發生以前，還算年輕、還有機會的我們，一定要想辦法扭轉。這是你眼前最重要的事情，認真思考一下你的生命到底要幹嘛？在你可以自主跟不能自主的時候，都要先準備好。

有的人是活太久，即使健康、好命，也是滿腹牢騷；有些人是不得不死，壯志未酬，有很多的遺憾。活太久、死太早都悲哀，問題是，生和死我們都是身不由己的，難以預料的！你什麼時候會死？而我，我自認為人生大概走過一半了，一事無成，那麼我們到底該怎麼辦？你有沒有算算看，你的 quota（額度）還剩多少？你的人生滿意度有多少？排除意外死亡，就平均壽命八十歲計算，就算壽終正寢，你生命的 quota 已經用多少了？再想想，最後那幾年，你有把握可以心智正常、手腳伶俐嗎？不曉得你有沒有算過，你真正可以用的時間還有多少？

提到生死，關鍵要素就是「時間」，壽命長短會影響我們對生命的觀點和生活態度。有些罕見疾病的患者，從小就被醫生宣判只能活十年或二十年，如果是你，該如何面對這樣的人生？如果你是那個九十歲老阿嬤，你會過著唉聲嘆氣、罵人等死的每一天嗎？

佛教的時間觀念來自於印度，過去、現在、未來，就是所謂的「三世」。一般常說的「三世因果」，不是一、二、三，三世就沒有了，而是說有無限的過去世、現在世，以及未來世，而因果關係也是涵蓋一切時間的效應，所以，要在過去、現在、未來這個基礎上談論生死才有意義。

印度哲學和西洋哲學中有一些極端主義的思想，到現在很多人仍深受影響。例如存在主義，它是近代西方哲學思想主流之一，全世界的文學、社會科學都受其洗禮。它主張人是在無意義的宇宙中生活，人的存在本身也沒有意義，又說人可以在存在的基礎上自我造就，活得精采。

如果，生命本身已經沒有意義，最後還一定會死，那活得精不精采有什麼意義？而且，「命」雖然是你在活的，但「運」可不是任由你造就的，人生有太多際遇、變數不是我們自身能掌控，不是你努力自我造就，生命就精采得起來。所以我常常告訴學生，**努力不一定會成功，但是不努力一定不會成功**。你們畢業後如果一天到晚抱怨工作跟自己志趣不合、跟同事合不來，動不動就辭職，那你的人生不但沒希望，連自主謀生的動機也會喪失。

這種個人自由主義，造成某些西方人自我、自私的性格，但卻不能消除他們對生命的無力感，所謂「生命中不能承受之輕」的矛盾，以及個人和生命之間的張力。其實近一百年來，西方的宗教精神生活已經衰微，佛法教義正好是他們需要的，這就是佛教在歐美各國越來越興盛的原因。

很多人不認同有因果這回事，這叫做「撥無因果」。他們否定的是三世因果，而不是現在的因果律。現在的因果律大概沒有人會反對吧？否則李昌鈺博士就不能破案，太空船也沒有辦法發射離開地球了，因為我們只相信看得見、摸得著的東西，五官能感受、頭腦能認知的事情。所以很多人認為生命就是一個偶然，無意義的，死了就死了，一切灰飛煙滅，對於看不見、感受不到的過去未來時間就全盤否定。這就很難跟他談生死，這種思想叫做「斷滅」的虛無主義，三世因果對他是說不通的。

還有一種人的觀念是屬於恆常的，就像「二十年後又是一條好漢」這種說法。恆常和斷滅是兩種極端的觀念，我們周遭有很多這種人，他們雖然有來生的觀念，但是認為，人死了以後，下輩子投胎還是會來做人，不知道有所謂的「六道眾生」，畜生道、餓鬼道、地獄道等等。這種人需要的是釐清觀念。

所以「三世」和「因果」必須合在一起說才有完整的意義。只講因果律就落入了

「斷滅」，只知道「三世」就落入「恆常」的極端，因果和時間是息息相關的。

有些人因為我說有三世因果，他們就相信了，因為我是活佛老師，他們認為就算老師有講錯的可能，活佛是不會錯的。這個叫做具緣，我們之間有好的緣分，所以我說的你能接受。聽聞佛法需要福報，聽了能信需要更大的福報，「報」就是「果」，從果就能推斷出以前必然有一個「因」。

對不相信的人，就要提出證明，證明過去、未來的真實性。看得到、摸得到的東西叫做「現量」，依靠推理而來的認知叫做「比量」，所以物質性的要用「現量」證明，看不見、摸不到就要用「比量」來推論。佛法裡就有一套縝密的推論來確立三世因果論。

不管你信不信，都不能否認三世因果論對個人、社會有很大的利益。善有善報、惡有惡報的觀念，會讓人活著的時候積極去惡行善，做一個好人，生命也因此有更長遠的目標，活到九十歲的時候也不會無聊無意義的抱怨、發呆、看電視。

擁有善念，你會願意付出愛心，讓社會更溫暖和諧；你能珍惜擁有，不浪費物質，真正落實環保愛地球的理念。個人、家庭、社會、國家，到整個地球都能蒙受其利。死的時候無所畏懼，死得其所，真正做到「活得好、死得好」，不用平天下也能讓天下太平，這就是佛教徒的養生送死。

道德敗壞和地球環境的危機，都是人心貪婪的後果，只圖一時一世快樂滿足，都沒在考慮以後還有很多人（包括你的子孫）、很多物種，還要好好地生活在這個地球上。反正死了就死了，沒我的事了，這就是「斷滅」觀念的禍患。

不過你最好選擇相信，萬一三世因果是真的，萬一你再世投胎為人的時侯，等著你的將會是一個美好的環境。就算你投胎變成一隻狗，也有比較高的機率會遇到有愛心會善待你的主人。

相信吧，有益無害，而且活佛老師不會騙人。

流浪的心——只有心相續

你相信有過去世嗎？我相信大部分人抱持著懷疑的態度。懷疑也沒問題，表示還有討論空間。有些人是絕對不相信的，還有以「鐵齒」感到自豪的，這個就像政治上的「深藍」或「深綠」，比較難動搖。**如果你已經預設某一種立場，不是口說的立場，而是你內心裡面那個根深柢固的立場，就很難改變，這等於拒絕了生命的豐富性，抱殘守缺地固執著，是很可惜的人生。**

不過沒關係，能聽聞佛法就是有善緣，顏色不重要，緣分比較重要。

談論有沒有過去世，就得從此生說起。我們的生命從什麼時候開始？從受精那一剎那開始，所以年紀應該用虛歲計算。中國人是用虛歲的，打娘胎受精起算；日本和歐美則是出生後開始算，這只是物質生命發展的開始而已。以佛教的觀點，生命的開始是身、心的結合，死亡則是身、心的瓦解。人工受孕如果條件一致，為什麼不能保證成功？因為沒有意識進入受精卵，身心沒有結合，生命不會開始，人工受孕就不會成功。

進入受精卵的意識是哪裡來的？這是個重要問題，但在邏輯學上不能夠直接論證，因為意識看不見、摸不著，沒有所謂的「現量」。

能看到、聽到、嚐到、碰觸到的叫做現量。我們生活中的現量其實是非常局限的，也就是說，和其他動物比較起來，人類感官功能並不強，我們的視力、聽力、嗅覺等等都比動物差很多，能看到、聽到、聞到、感覺的東西或狀態，仍是在非常狹隘的範圍內。比如感應器有一般家用的，也有太空總署用的，兩者的功能肯定差得十萬八千里。問題是，**很多人不明瞭自我的局限，五官的功能本來是幫助我們向外探索的利器，卻反而成為心靈發展的障礙，將自己困在有限的所知所見中**，這很可惜。

希臘哲學家柏拉圖在《理想國》中講了一個很有名的洞穴人寓言故事。他說有一群犯人從小被鐵鍊鎖在洞穴中，他們不能轉頭、回頭，看不見自己和別人，永遠只能直視眼前的洞穴山壁。山洞外有人們在走動、搬運東西等等活動，影子落在山壁上；這群犯人日日夜夜看著這些來來去去的影子，對他們來說，影子就是真實的事物，聲音則是影子在說話，人和物並不存在。

從我們的角度來看，這些犯人的現量非常狹隘，但他們自己永遠不能也不會發現。

接著柏拉圖說，有一天，有人突然掙脫鐵鍊逃出山洞，他看見了真正的世界，分辨出真實物體和影子的差別，他終於知道影子不是真實的事物，生命原來是自由的。他回去洞穴告訴其他犯人外面的情形，結果不但沒人相信他，還恥笑他瞎了眼、腦袋有問題。

柏拉圖這個故事其實就是我們生命的真實寫照。人依賴感官現量確定這個世界的範圍和內容，但是感官是會被蒙蔽的。人類的條件和能力非常有限，如何確定現在所認知的「真實」不是影子呢？這是一個非常有啟發性的故事。

我們的認知、知識，除了依靠現量，很多都是推理而來的。看不見、摸不著，推理而來的認知叫做「比量」。譬如用手機打電話，你沒看見對方，如何確定誰在跟你說話？再熟悉不過的家人的聲音，能不確定嗎？再確定也是推理來的，不代表百分之百真實。詐騙集團的手段之一，就是假裝家人的聲音哭鬧求救，他們得逞的機率比你想像中高得多。

現代社會中的「我」，變得虛幻了，所謂的「我」有時也不過就是一組號碼，身分證號、出生年月日、學號，或是家裡的地址，幾組號碼竟然就取代了一個活生生的我。如果你想實際體驗「我」的虛幻性，請你到郵局或是銀行走一趟，跟櫃員說你是本人，但是印鑑遺失了，雖然你本尊已經站在他面前，但他們不會相信，你必須拿出證件來證明你就是你，而且要雙證件。從日常生活事件，尤其是人際關係中，能發現許多強烈的「我」的概念：我們自認為我是這樣、那樣的，別人卻不一定相信和認同，有的只是你自己強烈的執著。

以佛教的看法，進入受精卵的意識，叫做「心相續」或「心識」。心識，是一個念頭緊接著一個念頭形成的意識流，它和受精卵結合，生命就開始了；死亡的時候，它就和身體分離。我們這個身體稱為「色身」，從我們一出生，就注定色身有不堪使用的一天，此生有結束的一天，只有這個「心識」不斷生生死死，不由自主地在六道中流浪著。

因此，過去世是沒辦法用「現量」來證明的，除非已經死的人回來親口告訴你，但你可能會被嚇死。所以過去世是以「比量」推論而來的。

印度佛教的邏輯推理，以過去、現在、未來而言，物質的現在必定來自物質的過去，譬如說，受精卵開始細胞分裂，形成胚胎，然後成為一個人。所以「心識」的因必須來自「心識」，就像蘋果樹長不出香蕉，現在的心也是由過去的心相續而來，你的這一念是由前一念而來的。由此可知，生命的開始，進入受精卵第一剎那的意識，也是繼承了前面一個意識而來，這就是過去世的意識，由此推論必須有過去世。

當我們承認有無數的過去世，現在以及未來有無限可能的時候，就形成了一般皆知的「輪迴」，過去、現在、未來不斷延續，也叫做「無始輪迴」。

「無始」不是「沒有開始」，是時間相續不斷，而那個開始，不是我們現在有限的概念可以理解的。舉例說，十二點在前面還是一點在前面？不一定，中午十二點在下午一點前面，但是下午一點在晚上十二點之前。所以時間是相對性的，我們以為事情有個起點，這個概念本身是錯誤的。

那麼事情就沒有起點嗎？也不是。事情必定有起點，但這個起點可能是過去的終點，現在的因，就是過去的結果。如此推論下去，在邏輯上面就會出現一個問題，叫無限後退。因此佛教使用了「無始輪迴」這個名詞，它不是我們觀念中的開始，那個開始不是二元對立的概念可以理解的。但是你必須確信：一個果必定有一個因，因果是相續的，而且這個相續是跨越過去、現在、未來的時空相連續的，這是佛法中非常重要的概念。

種瓠仔生菜瓜

——不是不報，時候未到

外國有一個香水品牌叫「Samsara」，我想佛教徒一定不會買，Samsara 就是「輪迴」，這太恐怖了，脫離都來不及了，怎麼能花錢買輪迴！

輪迴，就像是一個不斷在流轉的輪子。看過以前灌溉農田的水車嗎？恆時轉動，可是哪裡也去不了，永遠都走不出這個框框，這就是輪迴最可怕的地方。依佛教的說法，「我」是身和心的統稱，物質和精神的結合，身體會衰亡，心識則不斷在地獄、餓鬼、畜生、阿修羅、人、天等六道中生死流轉。

這個流轉，是由不得你的，就像一片凋零的葉子，時候一到，隨業風而去，什麼時候還能再投胎當人？除非是得道高僧，否則真的沒人知道。所以現在能當人是非常珍貴的，一定要好好珍惜自己的生命和身邊的人，下次再見可能是幾千百萬年以後，就算見了面也不一定能相認呢！

不同的古文明對生命輪轉有不同的解釋。有的認為有一個「第一因」，即一個最初的開始，創造者。可能是太陽神、上帝、天，就是有一個 super natural power，絕對的、不可知的力量存在。但是佛教教義告訴我們，「開始」這個概念本身就是有瑕疵的，如果有一個東西它開始了一切，請問，這個東西又是從哪來的？從因果之間的邏輯關係來說，這有幾種可能性的說法。

首先，「第一因」就是說，它自己創造了自己，不假外來的。這種在佛教裡面就叫做「自生」，自己產生，它不需要因，自己就可以產生。仔細去推敲「自生」的概念是有問題的。如果萬物是自生的話，那就會造成一個狀況：小孩子永遠是小孩子，因為他自生嘛！三歲的小孩產生三歲的小孩，四十歲的壯年人產生四十歲的壯年人，這才叫做自生。

在印度或古文明，談創造的概念時有幾個條件。

第一個條件是，它必須是永恆，永恆就代表它不能變化，變化就不是永恆；既然不能變化，就代表不能夠是由幾個條件組成的，不能是因緣所生法，因為只要它是幾個條件所組成的，只要抽掉其中一個條件，它就一定要變化，變化就不是永恆。若只給予一個「偉大的神祕超越一切、創造一切」的概念，又太籠統了。所謂「創造」，那是怎麼個創造法？第一個就「自生」自己產生，那神只能產生神，因為神不能產生人，神產生人就是一個質變、一個變化。

第二個條件叫做「他生」，因其他原因所產生。這樣麻煩就大了，大家都知道，「種瓠仔會生菜瓜」叫做他生，A的因種出B的果，這種叫做他生，邏輯上根本不合理，世間人都知道這不可能。不過呢，孫悟空倒是「他生」，從石頭蹦出來，屬異質性相生的。

自生跟他生都不可能的情況下，還有第三個條件叫「自他生」。數學上有一種說法叫負負得正，但談到創造，「負負」是錯加錯、更錯得厲害，A跟B不可能了，A再乘以B，不可能乘以不可能，叫做更不可能。所以自他生是不能夠的。

最後一個條件叫做「無因生」。以上都是有因生，就是有條件所產生，無因就是不需要有因就會產生，那這個世間就沒有任何秩序可言了。

根據邏輯推論，這四個條件都不可能，都不合理。所以，最後佛陀告訴我們答案，是「因緣所生法」。只要條件夠了、齊全了，就會產生，條件不夠就不會產生，「因果關係」這個規律是永恆的定律。

但是還是很多人質疑：我沒看到啊！我們沒看到的事物多得很呢！舉個例子，五千年前埋在金字塔裡面陪葬用的稻米，這叫做種子，因為埋在金字塔裡面缺乏陽光、空氣、水、土壤，加上乾燥等條件和緣，所以不會結果。五千年後，這些種子被挖出來，在法國巴黎博物館展示，也把這些種子拿去種，結果種出五千年前的稻米品種。五千年後緣分俱足了，種子終於結果。

這就是佛陀的智慧之言：「假使千百劫，所做業不亡，因緣際會時，果報還自受。」

「劫」是一個很長的時間單位，印度人數學太好，都是X的N次方，代表很久很久。「所做業不亡」意思是：這個因果還沒有兌現，就像金字塔裡面的種子，有了種子，可是缺乏條件。「因緣際會時」就是現在多事的考古學家去把它挖出來，又把種子種到田裡，這叫因緣際會。「果報還自受」就是那個結果一定會出現，一定要受。這就是「因果律」，因果律是我們無法不相信、不接受的，除非你能夠舉出反證，證明自生、他生、自他生、無因生之外，還能舉出第五個來解釋，不然的話就必須接受因果律。

這個因果律，不只是現世的通則，也是過去、現在、未來的通則，三世因果就能夠解釋這個世間所發生的一切事情。怎麼解釋呢？我們看新聞報紙，常常越看越生氣，為什麼好人都沒好報，惡人卻可以當道？因果律就可以給你完美的解釋了：因為這個「報」的時間，是需要條件的。有的會有現世報，現在此生還沒終了之前，它就會有結果。有的會隔世報，下一世才會有結果。有的會來世報，就是不知道多久以後的未來它才會報。但是，不是不報，時候未到。

怎麼死的都不知道

——轉念

死亡，是我們此時此生身心聚合條件的消失，身和心都瓦解了，這個叫做「死」。生，是上一世死了再轉生以後，到下一次死亡之間，叫做「生」。兩端之間的狀態，佛法上有一個專有名詞——中有（in-between）。例如，我從台北出發，卻還沒有到達新竹，這就叫做中間，一段過度。

我們總是不斷地在過度中。以生命的過程來說，現在此時叫做「此生的中有」，我們出生了，還沒有死亡，就是處在中間的過度階段而已。當最後在加護病房，最後一口氣還沒吐出來，還在喘的時候，叫做「臨命中有」或「臨終中陰」。你身體的因緣已經要散了，已經在瓦解了，可是還沒有完全瓦解，等到它完全都瓦解掉了，就進入死後的中有。

死後的中有又會進入到另外一個過度，就是已經死亡但是要去投生，就會進入投生的中有。投生中有是神識入胎，進入受精卵又重新開始一段新的人生旅程。這就是輪迴最糟糕的地方，一死不會百了，你還會再來一次！唯一可以安慰的是：大家也不用怕，我們都死過很多次了，絕對不是沒經驗，問題是你要怎麼去「死」。

佛家談的養生送死，和儒家有些不同。孟子說：「養生者，不足以當大事，惟送死可以當大事。」強調為人子女能在父母死時依照應有的禮節為其辦理身後事，父母生前也必然能克盡孝道。這是儒家以孝、以禮的養生送死觀念。

而佛教看待養生送死的角度，是去理解死亡的意義，才知道怎麼運用此生。欲知生，必先知死。如果你瞭解死亡是怎麼回事，知道了死亡以後將面臨什麼處境，以及輪迴的過患、三世因果，我保證你的人生將徹底改變。

問題是，若你在世這麼鐵齒，輪迴、業力、因果一概都不相信，死了以後進入中陰身，就不鐵齒了嗎？活著的時候怎麼勸都不聽，死了以後，唸經就聽得進去嗎？除非你有特別的因緣，例外奇蹟也是發生過，否則是不可能的！有些人認為，請喇嘛來唸西藏文比較有力，但亡者根本就聽不懂藏文，能立刻回心轉意嗎？我們說「心相續」，你活著的心和思想是怎樣，死後也差不了多少，還可能更混亂，所以還是趁活著的時候好好準備吧！

雖然有所謂的「中有救度法」，說是人死了以後要唸給亡者聽現在發生什麼事、亡者要如何，其實那是讓活人練習的。你現在不練習，到時候要怎麼運用、怎麼接受呢？就算你福報很大，能請到功力高強的上師，他也只能夠助你一程而已。最重要的，還是你的意願。什麼叫意願？我幫你把去美國的機票買好了，位子也劃了，你不去，卻說要去日本！沒這個意願，不配合是沒辦法的。

所以**最重要就是，大家在此生要開始轉念**。現在靈修市場上，特別是新時代，創造了許多激勵人心的名詞，比如說，自我實現、活在當下、心想事成，或是當下就是威力之點、融入大我……等。那些話當然也很好，但是**一言以蔽之，就是轉念二字，轉念就是：饒了你自己，放你自己一馬**。

轉念的第一步就是要相信因果，如果你正確理解了因果，就會知道因果的可怕。因果怎麼產生？這個叫「業力」，梵文Karma，中文有時翻譯成「羯摩」；其實業力就是一個action（行動），有作用力跟反作用力。你的思想、行為舉止、任何行動都會留下痕跡，就是自動存檔，然後將來某一天具體化呈現，這個比GPS、雲端或定位追蹤器還可怕。

我們的思想、行為舉止、任何行動，基本上可以分作身體的行動、語言行動和意識的行動，身、語、意「三門」。除了這三門，還有第四門嗎？我想沒有了，所有的行動都包含在身、語、意之中。你會彈鋼琴，因為你的手指頭和腳在行動，你的意識在識譜、掌握韻律、表達樂句，動聽的音樂因此不停流洩。身體的動、意識的動、聲音的動，我們所有的行為基本上都脫不了這三個大範疇，過去是這樣，現在是這樣，未來也是這樣。

因為身、語、意行動的作用力，造成的反作用力就是果報，果報分兩種，「正報」

跟「依報」。正報就是你的身體，為什麼有的人長得帥、長得漂亮，講話就是好聽，有的人體力好、頭腦聰明，這是他的正報。依報就是環境因素，包括家庭、學校、社會、國家，乃至整個地球的環境，若要說涵蓋整個宇宙也可以，這就叫做依報。

正報跟依報都很重要。很多印度人很聰明優秀，但因為種姓制度的限制，他就沒機會發展，永世不得翻身，這是他的正報夠但依報不夠。那些坐領幾億年薪的CEO，他的薪水比我們高無數倍，難道他們比我們聰明無數倍嗎？很多有錢人，開名車、住豪宅，看起來真的沒那麼聰明，但是用了很多聰明的人在替他賺錢，這就是因為他依報夠、福報大啊！

所以，如果你用因果律去觀察這個世界，你將會得到不同的視野，人生必定會有另外一番想法。有句話說「菩薩畏因，眾生畏果」，菩薩以智慧故深知因果絲毫不爽，那個GPS太精準，一絲一毫都閃不過，所以菩薩對「因」戒慎恐懼，就像那些高明的中醫師「治未病」，他不會跟著症狀團團轉，他會針對病灶下手，同時瞭解預防比治療重要。而眾生不知道預防重於治療的道理，種下惡因的種子不知道要怕，等到果報成熟了、發病了，才跟著症狀團團轉。果子成熟了只會掉下來，不能收回去。我遇見過許多人，他們的人生突然面臨重大困難，可能是重病、生意失敗、感情等等問題，可惜為時已晚，不能挽回了。

用三世因果的觀念來面對人生的養生送死，就不會局限在道德禮教的層面。佛陀教人要「諸惡莫作，眾善奉行」，不只是一個道德規範和應該遵守的禮節而已，是我們的身、語、意從外到內都去行善，因為有GPS定位系統，都跑不掉、假不了。所以，要真正的去做善行，不能因為禮教束縛，表面一套、私底下又一套。

人生應該怎麼生、怎麼死，三世因果給我們最好的答案。深信因果的人，活著的時候能善待別人，增長慈悲和愛，對死亡也不會那麼無知恐懼。生死有據，這是佛陀開給我們的生命良方，絕對是一帖正本清源、藥效持久，生生世世管用的清涼藥劑。

認罪協商——發露懺悔

有同學說，老師，因果什麼的都注定好了，老師叫我們用功讀書，不是白費力氣嗎？

這就是因果觀念的「誤區」，是需要修正的地方。有很多人說是相信因果律，和我學生的想法一樣，以為這樣就不用奮鬥了，反正一切都是前世幹的，跟現在沒關係，再努力也沒有用！我的原生家庭就這麼窮、環境這麼差啊！我 IQ 就不到八十，注定考這個成績啊！把現在一切不圓滿的責任通通推給前世。這可以說是「個人誤區」。

種姓制度則是整個社會的「集體誤區」。印度人相信因果輪迴，據此建立社會制度。他們認為，從神身上比較高級的地方出來的就是貴族，從神的腳底出來的就注定是一生貧窮的奴隸、賤民，所以你這輩子只能認命，好好幹，將來回去，大家都是神的一部分。這就是小我融入大我的概念。這個概念的合理化和種姓制度，把印度變成一個不會流動的社會。

我保證佛教的因果律不是這麼倒楣、消極的觀念，相反的，佛陀帶給我們的是一個好消息。佛陀是這樣說的：沒錯，你過去真的做得不太好，但是只要你現在願意改變，絕對有翻身的機會，不分種族、階級、顏色，人人機會平等。這不是一個天大的好消息嗎?!

跨越階級，機會平等，這在佛陀的時代，可是一個叛逆性十足、震撼性的創見。仔細看看佛陀一生的行誼、思想，就會知道，誰才是叛逆的始祖。把頭髮染成橘色，剪成公雞頭，或者舌頭、肚臍上穿鐵環嘶聲吶吼，那只是皮相上的叛逆，太小 case 了，只要請我們的濟公師父出馬，這些重金屬搖滾者和嬉皮立刻靠牆邊站。所以佛法的精神是活生生的，每個時代都適用的，如果有人學佛越學越狹隘、越來越不能適應社會，那就有問題了。

以佛法的觀念來說，「因」已經種下去了，作用力已經存在，但我們可以在「緣」方面下功夫，從這裡就會有轉機，而且往往危機就是轉機。

因果有可能改變嗎？以前做得很差，造了許多惡業，現在怎麼可能改變呢？有因一定要有果啊?!

是，有因一定要有果，可是你可以積極主動創造其他的緣來改變。譬如說把這個壞的種子暫時放在冰箱裡面，它就不會發芽，但這不是真正的辦法，因為種子還在啊！真正的辦法是：把種子燒掉，燒掉就永遠不能結果了。過去雖然有這個因，但將來不會有果了，這也是因果律。為什麼？因為中間加入其他的緣，也就是新起的因改變了那個結果。

當然，這個種子不是簡單就能燒掉的。能燒掉種子的因素是什麼？就是「懺悔」，簡單說就是認錯、協商。問題是很多人認為，我沒有錯啊，我這輩子連螞蟻都沒欺負過，沒有做任何壞事，為什麼不好的事情發生在我身上？這也要放大時空來理解。今生你很好，可是過去生生世世我們必然做錯過很多事，傷害過很多人，只是我們沒有無漏的智慧，很多事都遺忘了。過去世種下的因，現在結果了，只好怪過去的自己沒有好好行善，今生不管如何一定要改變，不要再害未來的自己無辜受害了。這也是鼓勵人們修行最起碼的好處和目標。

所以我們得懺悔、認錯。認罪協商有幾個條件：第一，你要知錯。現在要召開協調委員會，一邊堅持我沒錯，另一邊窮追猛打一直罵，這要怎麼協調？不認錯如何協商？最後只好法院強制判決，就是等因果瓜熟蒂落，沒別的辦法了。有的人的協商態度正確，誠懇地告訴對方：「啊！我們可能沒注意到，可是造成你有這種感覺的話，真的很抱歉。」對方聽了感動，伸手不打笑臉人，本來要給你一拳的，可能就算了。

有一個重要的術語叫做「發露懺悔（reveal）」——要表達、講出來，誠懇道歉。知錯能改，你不知錯怎麼改呢？如果你只是不得已被人家押著認錯，就算你說對不起，那是對什麼不起呢？其實心裡想著：不知道耶，我又沒錯。這就不是發露懺悔的正確態度。我們無始以來多生多世……別說多生多世了，你三歲以前的事記得嗎？不記得，你小時候幹的蠢事，爸媽可是如數家珍，不管你多大多老了，父母有時候就會嘮叨「我那個孩子小時候怎麼樣……」。所以，不是你不記得事情就算了，很多關係人可不會輕易忘記。

關於懺悔，我們一般常唸這個偈子：「往昔所造諸惡業，皆由無始貪嗔癡，從身語意之所生，一切我今皆懺悔。」過去世以來，我因什麼做錯呢？就是因為我心裡面有某些錯誤的情緒、動機，這個情緒跟動機就是貪、嗔、癡，這是一個總的說法。

什麼叫做貪？喜歡吃的、愛吃的越多越好；喜歡錢，錢越多越好，這叫做貪。我喜歡這個人，我要對他好，這個也叫貪。什麼叫做嗔？我不喜歡的叫做嗔。這個人我討厭，不但不幫他，有機會一定「呼伊死」，這叫嗔。癡，以自我為中心，漠視、忽視其他所有跟你沒有利害關係的人，這跟我無關。地球那一邊打仗死人跟我何關？每個人的世界都是以自我為中心，這就叫做癡。

為什麼我們有這些想法？因為我們有強烈的「我執」，以自我為衡量一切事物的標準，去評估其他人、事、物跟我的利害關係。「我」為主體，外在的人事物是客——所謂的「我所」，以這個來建構二元對立（dualistic）。我們對客體有三種判斷：我喜歡的、我不喜歡的、跟我沒關係的。我們現在的所言所行，一切都是根據這個判斷。其中就有不理性的成分，因為人都有盲點，以我們有限的認知和個人好惡來做人做事，必定是不圓滿的。

最近媒體上報導的情殺案件，就是以愛之名犯下令人遺憾的錯誤。關於愛情，我們都說是「我愛你」，其實都是「我要占有你」，你絕對不能離開我去愛別人、我不能沒有你，否則我就要毀了你，或者傷害自己來牽制你。這都是以自我為中心的自私貪愛，否則你應該成全對方、給對方自由，而不是連砍情人四十刀。父母也常常以愛之名，認為這樣做是愛子女，其實對子女的人生造成了傷害而不自知。

正因為這樣，我們在知道或不知道的情形下，透過身體、語言、意念，造了很多的惡業，這是無始以來的貪嗔癡所造成的、累積出來的。所以當不好的果報出現了，我們與其抱怨老天無眼、生命不公平，不如勇敢認錯承擔，誠心誠意去懺悔，亡羊補牢，或許還有點機會翻身。更重要的是，我們要在果報未成熟之前，發露懺悔，改過向善，積極創造一些善緣，趁早燒掉惡業的種子。

其實果報現前也不見得是壞事，危機經常蘊藏著人生最大的轉機。佛法是活的，就看你如何去理解、實踐，佛菩薩慈悲的救度永遠都在，但首先你要伸出手來，菩薩才捉得住你啊！

沒關係，佛菩薩罩你
——皈依前先問動機

我們從無始以來至今，在身、語、意方面做錯了很多事，得罪了很多人，這些行為就像等待成長成熟的種子，不是不報是時候未到。看看自己對曾經得罪自己的人如何耿耿於懷，就可以推知，冤親債主是不會輕易放過自己的。有了這個認識，所以我們得防患未然，現在就要積極創造有利的緣起，來消除業障果報。佛教中談到有四種力量能改變因果——發露懺悔（拔除力）、皈依（依止力）、對治力，以及防護力。

有些狀況，只靠發露懺悔的力量還不夠。有一個朋友開百萬名車，不小心擦撞到路邊騎腳踏車的老阿伯，老阿伯跌倒撞傷了膝蓋，要求賠償五十萬。朋友大呼倒楣，只是輕輕擦撞而已！其實阿伯摔得並不嚴重，他的膝蓋原本就開過刀，不是現在摔傷的；但是阿伯認為他的膝蓋好不容易開刀好，再度受傷，以後是好不了了，所以要求高額賠償。

協商過程中，老阿伯的態度很強硬，一直「嗆聲」要給這位朋友「好看」。這個時候，「發露懺悔」好像起不了作用，因為人家不放過你，你態度愈軟，可能對方要求的賠款金額會愈高。萬一遇到這種台語說的「軟土深掘」的冤親債主，或者是深仇大恨不放過你的仇家，你自己解決不了，就要找有力人士出面。一般召開協調委員會，就是需要有名望的公正人士出面協調、斡旋。

這就是佛教中的「皈依」，你沒有擺平的本事，就要依靠佛菩薩的力量，更簡單的說法，就是找個大哥罩你。「庇護」、「依靠」就叫皈依，英文也翻得很好，叫「refuge」，難民需要避難、庇護。

進入佛門要先皈依，大乘要持守菩薩戒；灌頂則是密乘的入門，因此在灌頂的過程中，一定也包含了皈依跟菩薩戒。有些弟子灌完頂之後，卻跟上師說：請幫我皈依，我想皈依你。這真是令人驚訝！那我們剛剛在做什麼？他們以為，皈依就是到你面前，讓你剪一點頭髮，再給個法名。事實上，這些都只是一個象徵性儀式。灌頂的過程一開始就一定有皈依，已接受灌頂的人就是佛教徒，也一定是大乘的佛教徒，不需要質疑。

大眾對皈依的理解，常常是脆弱的，今天參加這灌頂，只是聽說密宗比較厲害，但是，如果你學佛之後，業績開始下降、身體生病、遇到很多障礙，你還會求助以及信賴三寶？你對三寶信心不足，三寶如何能夠幫助你？同樣的，你的大乘菩提心有多少？我認為能夠真實生起慈悲心跟菩提心的人，真的非常了不起，大部分的人都是所謂的：菩提說在嘴上，陷害做在手上；嘴巴都說要慈悲，一有什麼利益就先拿了，還管什麼慈不慈悲？

大樹底下好乘涼，我們依止的對象是誰、這位大哥夠不夠力，這很重要。很多人以為自己投靠的已經是最「大尾」的，其實人上有人、天外有天，絕對要慎選，千萬不要選錯依靠的對象，不然反而更慘。

有一位佛教徒導演，跟我聊過台灣演藝圈的辛酸史。他在大學讀書的時候，白天去中影文化城打工當臨時演員，就演屍體，躺下去就有兩百塊。角色很簡單，但很辛苦，因為戲服很臭，屍體不用換新衣服嘛。他大四還沒畢業就已經坐上副導演的位置，說也奇怪，那個時候拍的每一部片子都賺錢，還開發了一位家喻戶曉的諧星。

他本來是要找港星，但對方比較大牌，片酬比整部片的拍片預算還高，實在請不起，他才自己開發新星。沒想到這位諧星新秀一夕之間暴紅！所以說，人怕出名豬怕肥，一紅麻煩就來了，黑道看他有利可圖就來「邀請」他拍片，整個人就被控制了，一直拍片到險些累死。這件事給導演一個教訓：絕對不能得罪黑道大哥，以後有黑道找他拍片，他一定說 Yes，片子賣座賺錢，大哥願意分給他多少錢他就拿多少，不敢講價。

有一天，南北兩路黑道大哥同時來找他，他兩邊都不敢得罪，也不敢拒絕，所以他就去找白道大哥，請白道高層出面協調。最悲哀的是，最後協調結果，他自己要付賠償金給被「喬」出去的那個大哥，他是受害者，可是賠償金要他出，還要報答白道大哥！

他拍了不少爛片，但真是不得已啊！很多大牌港星也都有類似的遭遇，才會拍一堆爛片。

所以說皈依的對象很重要，依止錯誤的對象，事情可能愈「喬」愈大條。我們民間有很多信仰的對象，自身都還沒有從輪迴中解脫，石頭公、樹神……自己還沒有解脫，要怎麼幫你？祂沒有辦法真正的幫你。祂來找你是因為祂現在沒有人的身體，祂也想要翻身。要怎麼翻身？沒有身、語、意中的這個「身」，神明也沒辦法傳達意見和「辦事」，所以需要有合作夥伴跟他一起配合演出。這才能累積業績、功德，有業績，祂才能翻身更上一層樓。

有一些皈依處不適合我們做究竟的皈依，原因就在這裡：祂自身還沒解脫輪迴，也還算是個煩惱眾生，只是比我們多了一些能力，但不具有真正的智慧，這就有可能幫倒忙。比如說，你需要錢，向祂求財，祂先把你未來的錢挪過來補給你，挖東牆補西牆。你果然發了一筆財，覺得好靈驗啊！感恩載道，從此將祂奉為人天導師，將來你就知道麻煩了。

這是一個心靈苦悶的年代，越來越多人重視精神面的追求，但是絕對要記住一點：**立刻靈驗的，或者是展現很多神蹟、奇蹟、神通的，就是你要小心的。**如果這麼簡單的話，釋迦摩尼佛幹嘛苦口婆心講經說法四十九年？做老師很耗費力氣又麻煩不是嗎？以佛陀的大力神通和慈悲心，只要說：來！明天起所有的人掛號排隊，每一個人讓我摸一摸頭，全部都得到解脫！如果要度眾生的話，這樣不是比較有效率嗎？如果行得通的話，佛陀為什麼不這樣做呢？

現在有很多人信仰宗教，是以神蹟、神通來抉擇的，這就讓一些神棍、邪教有機可乘。話說回來，為什麼你會去相信？這跟你的動機有關係，因為你的動機就是很微小的、功利的、自私的想法，只想要解決現在的燃眉之急而已。這和去借高利貸的狀況一樣，到處都有人貼「二胎三胎，免保證可借錢」，大家都知道借高利貸不好，那是誰在借？一定是有人借才有市場。

所以，依止信仰要先問自己的動機正不正確，萬一誤入歧途，到時候你想要脫離，沒這麼簡單，黑幫不是想找來就來、想請走就能走的。

對症下藥才能救命
——對治力、防護力

當我們抉擇了正確的皈依處之後，有了強而有力的靠山之後，接下來就是要掌握有效的方法。就算你認識美國總統，也不是所有的事都可以解決的，你要有方法，這叫做「對治力」。

比如有人生病了，好不容易掛上名醫的門診，名醫確實很厲害，一下子就找到病灶，立刻對症下藥。名醫就是病人可靠的皈依處，醫生的處置法、所開的處方，就是有效的對治力。病人得聽從醫囑才能藥到病除，醫生叫你檢查就去檢查，叫你復健就好好地復健，吃藥就得照三餐準時吃，不配合的話，名醫也拿你沒辦法，光「看」名醫是不會好的。

很多老人家就喜歡逛醫院，為什麼？年輕人都不在家，在家也不理老的，家裡太無聊了，去醫院還有護理人員聊聊天講講話，很多病友打個招呼寒暄，他就不覺得孤單了。問題是大包小包的藥袋拿回家去，就放著，這樣下去健保局會倒閉吧？很多病人千辛萬苦掛到名醫的門診，又等了三、四個小時才見到醫生，結果他看診是去對醫生演講的，說我這個症頭已經多久了，已經看了三、四位名醫，他們說怎樣怎樣……我知道其實是怎樣怎樣……他是要醫生聽他說，不是要聽醫生怎麼說。這樣當然不會痊癒，拿這些藥又不吃，不復健又不運動，這病能好嗎？

所以對治力是很重要的。其實到目前為止，人類有歷史以來，不需要FDA檢驗，經過千百年人體實驗證明，唯一絕對有效、絕無副作用的藥方，叫做「早睡早起規律生活多運動」。明明是一帖現成的長命百歲珍貴良方，又免費，偏偏大家都不要，非得花大錢求一些莫名其妙的仙丹妙藥，以為越貴越能去百病，這才真叫做「人財兩失」。

佛法裡面的「對治力」，簡單說，就是現在你欠人家錢——「業障」，你要怎麼償還？你用什麼辦法還錢？金融良方只有兩個：開源和節流。你想靠別人幫你還債，或是去借高利貸，都不是一勞永逸的辦法，你只能靠自己去開源節流。首先要懺悔，改過向善，不要再累積債務了；然後要開源，就是所謂的方法、對治力，你要努力開創財源、用力賺錢，就是積極做功德、累積福德。

有各種善法可以做，身、語、意的善法都可行。善法不一定要花大錢，如果一定要花大錢的話，那很抱歉，我們就坐以待斃吧！因為這樣只有有錢人可以解脫，我們都沒救了。若要以金錢計算，解脫的代價，自古以來連帝王都付不起的。秦始皇以舉國之力，派徐福率領大隊人馬出海求不死藥，最後秦始皇活了幾歲？不到四十吧！歷代煉丹求長生不老藥，吃死多少人！

這裡不是說錢沒有用，而是怎麼用才有效。如果你有錢，也有這方面的知識，還具備其他力量，那就是比別人的條件好。但是這更要小心，因為你做的善業會加乘，你做的惡業也會加乘；因為你比別人更有力量去促成某一件事，因此行事的心念和動機就非常重要。**身、語、意的善惡業有輕重大小之分，「意」大於「語」，「語」大於「身」，所以你的起心動念要非常的小心。**

有個故事說，一個當官的死後去閻羅王那邊報到，閻羅王那邊還沒有電子磅秤，只有舊的兩頭秤，專門秤善惡業用的。當官的一秤，累積的惡業嚇死人，秤整個快翻過去了。接著秤他做過的善事，分量實在很少，看上去只有一點點，可是秤起來卻讓整個情勢大逆轉。當官的自己也不可置信，便問閻羅王：我什麼時候做過這樣的好事？閻羅王調來生死簿一查，原來他生前曾經提過一個建議，就是在政策上做一個改變，這個政策如果通過執行的話，可以造福萬民。當官的說，可是這個案子沒通過啊！閻羅王說，對，可是至少你曾經有這個想法，這樣就有很大的功德了；如果真的通過的話，那你累積的善業就不只是這樣而已。

所以，**我們的言行舉止跟質量、數量、心量有關係**。譬如說，這邊癢癢的，不小心一摸，死了一隻蚊子，你的動機只是為了抓癢，不小心捏死這個蚊子，剛好蚊子的壽命也該終結，所以牠死了。跟你看到蚊子很討厭「呼伊死」是不同的，這要以動機、意念來論斷。**身、語、意裡面，意念是最重要的，這就是為什麼善知識會勸導世人，常常要大家心存善念、轉念，要不斷地用正面積極的方式去面對事情的緣故。**

行善法和錢多錢少沒有絕對關係，也有簡單容易的方式，譬如持誦佛菩薩的名號。有學生問我：老師，基督教能念觀音菩薩嗎？你信什麼教其實沒什麼大關係。曾經有一次我去幫法友的媽媽超度，法友說，媽媽信天主教，我就說，沒關係，我們現在祈請聖母瑪利亞跟觀音菩薩同時降臨這個地方。只要虔誠就好，觀音菩薩難道不會換衣服嗎？

對治力之後，還有一個「防護力」，就是：好不容易事情解決了，病好了，就應該好好的保養身體，如果第二天又跑去花天酒地，那就無藥可救了。佛菩薩能救你一次，沒辦法救你兩次；能救兩次，沒辦法救三次。所以防護力就是：你自己要發誓改掉惡習，過身心健康的生活。

天上掉下來的師父
——具德上師能知你的因緣

灌頂有很多等級，現在法會常見的還不是真正的灌頂。在《大毘盧遮那成佛神變加持經》等密續中所說的灌頂，必須要歷經兩天以上。因為灌頂首先要祈夢，這可不是睡一個午覺可以完成的，需要透過祈夢來決定徵兆如何、弟子適不適合受持這個法門等等，至少要兩天以上。這兩天之內要先有一個「前行」，就是預備灌頂，然後才是「正行」的正式灌頂。

前行是為了篩選弟子，令弟子選擇法門。師徒關係的產生有兩種形式，一個是主動，一個是被動。

人海茫茫，這麼多女生你就喜歡這一個，對她情有獨鍾，這是你跟她之間有某種緣分，或者她符合你的理想形象。蘇芮有一首歌《你愛的到底是我還是你》，其實大部分人愛的是自己，對方只是一個符合你理想的投影，偶然的交會彷彿掉入陷阱，被你自己的我執捕獲，深深執著那個理想的形象，但相處之後幻想就破滅了，因為現實總是跟幻想不一樣。

所以，法門可以是你主動選擇來的，比如有人一聽到觀音就很喜歡，有人喜歡文殊，有人喜歡阿彌陀佛。主流市場也會影響選擇，比如漢地市場主流是阿彌陀佛、觀音菩薩，很多人自然而然的就會歡喜接受，因為這是漢地的傳統。但 general（一般）之中總會有 specific（特別的），有些人覺得大家都信觀音菩薩，我就偏要普賢菩薩還是地藏菩薩，也有這類特殊的選擇方法。

這種主動方式很好，但也有缺點。因為一般凡夫眾生其實都是無明的，無明就像：這燈一關掉，誰也看不到；就是愚痴，意謂你沒有洞見能力。既然如此，你如何能選擇？只能說業力、慣性讓你做了這個選擇。

密乘有另一種方式，就是上師選弟子，不是弟子選上師。道教也有這種傳統，因為弟子什麼都不知道，他要選什麼呢？但是師父一看，就知道是不是可造之材。道教有許多神仙故事，根本不想修行的人，被師父抓去了，沒辦法，後來也發現自己是塊料。

《七真修行史傳》中，有一個故事很有意思，大意是：師父要調教徒弟，叫徒弟去度眾生，師父說，你們現在可以了，去做業績吧！他們就下山去。結果眾生讓他們感到非常失望，這對師兄弟就躲在土堆裡面遁世禪修。有一天，忽然天打雷劈，土堆被劈開，一看，師父在空中說：「我叫你們去度眾生，你們躲在這裡幹嘛？」弟子說，他們走遍大江南北，見到天下人只有兩個姓氏，一個姓「名」，一個姓「利」，天下盡是名利之人，沒有人想要修行啦！所以他們就放棄了，乾脆自己坐下來自修。這段對話很有意思，對大乘法跟小乘法的精神有貼切的比喻。

眾生確實是非常難度的，佛法所謂「剛強難度」，指眾生非常頑強難化，但具德上師能知你的因緣，了知要傳授你什麼教法，這就是理想的師徒關係。

灌頂，就是授權儀式

灌頂的梵文與藏語「abhiṣeka, དབང་」，就是授權的意思。這是古代印度太子登基的儀式，就像英國女皇登基要加冕。在古印度就取四大海的水灌在頭頂上，表示「普天之下，莫非王土，率土之濱，莫非王臣」，四海之內都受你管轄。同樣的，《華嚴經・十地品》提到，菩薩紹佛位之時，十方諸佛現前給予大光明灌頂，這是菩薩繼承佛位的一個儀式，後來密乘延用這個形式和意義，就叫做灌頂。這中文翻的很好——灌頂，把水從你頭上灌下去。我建議加一個「大」字，叫做大灌頂 abhiṣeka, དབང་，英文叫做 grand empowerment。這個「大」不是大小的大，而是比較繁複的意思，因為真正的灌頂需要兩天以上，比較 elaborate（詳盡的）。

我們現在常見到的其實不叫做灌頂，這個在梵藏語裡面叫「adhiṣhāna, བྱིན་རླབས་」，英文是 blessing，中文翻譯為「加持」。這是一個簡化的版本，現在約定俗成都說是灌頂，為了避免混淆，最好稱為「加持灌頂」，而將「wang」稱為「大灌頂」。加持灌頂在一天之內就可以結束，它是無上瑜伽部才有的無上密（Anuttarayoga Tantra），下三部沒有，所以唐密（在唐玄宗開元年間傳入中國）、東密（日本空海大師創始）都不會有加持灌頂。還有另外一種更簡短的，梵藏語叫做「anujñā, རྗེས་གནང་།」，是一種 permission（許可），中文叫做「隨許灌頂」（practice authorization empowerment），就是授予修行許可，回家可以修了。隨許灌頂只有佛尊的身口意加持，透過灌頂，授權你可以唸某一個佛尊的咒，觀想這個佛尊，並且做這個佛尊的禪定，這就叫做隨許，這也是現在一般認為的灌頂。

很多人常問，到底什麼是本尊？本尊的英文也很好玩，叫做 deitt，deities 是複數。本尊就是你自己想要修持的特定的佛尊，可以是阿彌陀佛，也可以是觀音菩薩、釋迦牟尼佛，就是你想要修的，但必須是佛菩薩，是出世間（beyond world）的，而不是世間的，才能叫本尊，所以本尊是可以換的，不是固定（fixed）只能修一個。

另外還有一種等級叫做「噶爹」བཀའ་གཏད། 或「梭爹」སྲོག་གཏད།。這是「授命」，授予命令，給予 order（命令），這通常不是針對出世間的佛菩薩，而是天龍八部，就是授命要求祂護持、擁護佛法。那誰能授予命令呢？佛或菩薩。很多人有錯誤的概念，自認為要修某個護法比較有力量，可以幫助你達成心願。這是一個很錯誤的看法，護法保護的是法，可不是你的 bodyguard（保鑣）！祂聽你的可能是念在你對佛法有一些貢獻，為了避免你在修行的路上產生障礙，所以祂來協助你，可不是你的 servant（僕人）讓你呼來喚去的。因此，必須要觀想某個佛尊，才能夠給這個 order。

很多大乘經典裡面，佛陀講完經之後，最後就會囑咐，囑咐就是所謂的授命，囑咐某某：你要受持、你要擁護佛法、勿令斷絕等等。佛在大乘經典裡這樣授命，但我們如何得到護法的協助呢？大乘法裡面沒有說明，只能念誦經典。這在密法裡有明確的方法，並且是具象化的有一個能夠去進行的儀式（ritual, ceremony）。

這是灌頂的幾個層次。嚴格來說，一定要在大灌頂以後才可進行其他的灌頂，但這個時代很難如此要求。如果今天要進行灌頂，上師要求：沒受過大灌頂的舉手？好，你出去！這下子師徒可能會結怨了，我大老遠來這一趟，你叫我出去，為什麼不可以呢？佛法不是講慈悲的嗎？會生出很多抱怨和想法。

因此，以前的密法是非常祕密的，過去印度的灌頂都在晚上進行，天亮以前結束，整個壇場全部收得一乾二淨，沒人知道這裡有進行宗教儀式。那時修持密宗的人最好不要讓人知道你是修持密宗的，不要像現在的人隨便學了一點東西就到處宣揚：我是某某弟子，我學了什麼什麼的法，很好啊，你們趕快都來啊！……等。以前的行者都是祕密修持的，過世了以後，人們從他身上配戴的本尊法照或其他東西，才知道原來他是修密的。

現在的人只檢視上師是不是 qualified（資格），忘了問自己是不是 qualified。若以

vessel（容器）來比喻弟子的資質，就有是否為「具器弟子」的說法。如果這個容器是破漏的，那麼再珍貴的果汁倒下去也沒用；如果這個容器是倒置的，叫做「覆器」，那怎麼倒也倒不進去啊！這就好像很多人到了法會現場，因為工作太累、打瞌睡了，根本沒在聽，不理解就得不到。有些人則是動機錯誤，就好像杯子是骯髒的，乃至於是有毒的，再好的東西倒下去也變成毒，所以也不會得到那個效果。

因此很多人修持了無上的法教很久之後，宣稱不靈驗，不修了。他應該先檢視、觀察自己是否符合具器弟子的條件。當具德的上師和具器的弟子相遇，然後有正確的方法，這個灌頂才會產生有效的 function（作用）。但在這個時代很困難，首先，上師和你有語言障礙，加上你之前的佛學基礎太薄弱，所以就算能溝通，也不一定能聽懂。再來，很多人太匆忙，九點半灌頂結束，九點二十分才來，衝上台去，拿那個寶瓶往頭上「叩」一下就代表「我得到了灌頂」！

你只是參加了一個儀式，還是真正得到這個灌頂？這就是得不得灌的問題，如果沒有得灌的話，這也算是個善業，至少今天晚上不是去 club 還是 pub，你還是來到善法的地方，只是你沒能得到所有的效果。

所以參加法會一定要早點去，最好坐在前面。真的！老師看學生坐在哪裡就知道他的學習態度，隨時想走的或是打瞌睡的，全部都往後面坐，往容易被忽略的地方坐，真的想學習的就往前面坐。各位買演唱會的票，如果你的financial（資金）夠，是不是要往前面熱區坐？有沒有人認為愈往後面坐愈好？當然沒有。所以我經常告訴學生，前面的位子比較貴，你們要好好的把握往前面坐，這就是學習態度的問題。

什麼叫做「得灌」？在古代，產生很多身、心的變化才叫做得到這個灌頂。最低最低程度，你要聽懂師父到底要叫你幹嘛；還有，你必須產生一個肯定──我得到了這個灌頂。如果隔天人家問你：哪個師父灌的？結果記不起來，西藏名字好難唸；你灌了哪個本尊？對不起，我不知道耶！這就很難確定你真的得灌了。或許你去跟這個上師結了一個善緣，請他轉動法輪，對三寶供養與諸多祈願，這也算是個善法，至於得灌與否，這就難說了。

從理論到操作手冊

密乘也是大乘法門，**造成顯密的差別是方法的不同，而不是見地的差別**。大小乘之間見地的差別，以「人無我」跟「法無我」來說，大乘認為小乘只談人無我，沒有談法無我，大乘才談法無我，就是所謂「空性」的見地。密乘的見地和顯教之間沒有差別，但是方法論上有差別。

大乘經典裡提到很多境界，但這個境界如何達成？工具跟方法是什麼？經典裡面大多沒有具體描述；但是在密乘教法裡有，就是所謂的口訣，以現代話來說叫做操作手冊。理論在大乘經典裡都講說了，所以叫做顯教；實際操作則需要在實驗室裡，依據安全手冊一步一步去操作，因此稱為密教。

密教的意思就是不能公開，不能公開不是因為見不得人，而是每一個人的條件能力不同，需要的訓練方式也不同。就好像健身房裡，器材都在那邊，但是你需要教練個別指導，依照體力及目標去操作。比如訓練二頭肌有訓練二頭肌所需的機器，再加上教練指導你每天來，一天十五分鐘，每分鐘拉三十次，再吃某種 protein（蛋白質），兩年之後就會長出二頭肌……等。教練可以告訴你很具體的細節，但是如果你自己瞎練盲修，看起來似乎可以，卻很容易受傷，你很可能沒辦法達到預期效果，然後就會放棄。這是顯密之間主要的差別之一。

談顯密、三乘佛法的差別之前，先談成為佛教徒的必要條件是什麼？要皈依。出生在佛教國家或佛教家庭，都不能讓你自動變成佛教徒，必須要皈依三寶，三寶就是佛、法、僧。而且你要認知已經皈依三寶，已成為一個佛弟子，必須遵守戒律，這才是真正進入佛門，這也是學術研究跟宗教信仰的差別。

小乘、大乘的主要區別在於發菩提心。一般而言，是透過受菩薩戒代表發菩提心的意願，所以入大乘法門要受菩薩戒。進入密乘，就要接受「灌頂」，這是顯教、密教另一個重要的差異。

灌頂的英文翻譯很有意思，梵文是abhiṣeka，英文是empowerment，授權給你。或是另外一個字也很有趣，叫「initiation」，電腦故障時就會重新開始——初始化，即將要進入什麼、成為什麼東西的開始。其實abhiṣeka這個梵文本身有兩個意思，一個是驅散掉，把某些惡業驅散掉，同時灌進去，灌進去就是給予授權的概念。

灌頂「abhiṣeka」這個字不是佛教獨有的，我們必須瞭解一件事情：佛教是從印度文化發展出來的宗教，有許多用語和概念不是佛教獨有的，而和印度傳統其他宗教有相同之處，但在應用上卻有不同的涵義，所以不能根據字彙來判定，「定義」（definition）才是重要的。

某些對密乘法有意見的人，他們認為密教是天化的佛教，或是受到婆羅門教、印度教的影響。這些是同一文化的產物，印度教裡面有密宗，佛教裡面有密宗，是誰影響了誰，即使是現在學術研究也不能完全判斷出來。因為這種宗教間誰影響誰的論調，往往和作者所屬或偏好的教派有關。例如印度教的非密宗教派會覺得，密法是由佛教傳到印度教的；而印度教的密宗會覺得他們是源自《吠陀經》（Vedas），是佛教抄襲了他們；對非密教的佛教來說，他們又覺得是佛教後來抄襲了印度教密宗。這些假設都缺乏可靠的歷史資料來證明。

現在的印度已經被英國切割成兩、三個國家，當時的印度幅員非常廣大，且不是統一的王朝，雖然阿育王曾經短暫統一，但大部分時間是由許多獨立的小城邦組成。宗教信仰在這麼大的區域傳布，就會展現不同的地域特色。因此，我們現在所謂的佛教，主要發展區域在恆河流域，特別是恆河中、下游。至於南印度，或是喀什米爾、巴基斯坦等地的佛教發展，我們還不能全面性掌握和理解。所以，在某些地區是佛教影響了印度教，在某些地區是印度教影響了佛教。

印度是宗教發展非常複雜的環境，在佛陀的時代就有所謂的六師外道，這還只是有代表性的而已，另有其他很多不同宗教存在。現在宗教學上面說的 Hinduism，稱它為「印度教」也不夠貼切，就比如我們以民間信仰或者道教，來指稱所謂的中國宗教，這是不恰當、涵義不足的，因為其中的信仰系統非常複雜。所以，是佛教的密宗影響了印度教的密宗，或印度教的密宗影養了佛教的密宗，基本上沒辦法做出嚴格的區分。

正如之前強調的，佛教的發展過程是時間性、線性的，加以地域文化的差異，每一個時期均會展現不同的樣貌，不能因為後期可能受了某些因素影響，就論斷它失去了佛教的純粹性。什麼是純粹性呢？什麼是佛教之所以能夠稱為佛教的呢？那就是所謂的view——見地。佛法與外道的區別是見地而非形式。如果是形式，那漢傳佛教也是遠遠悖離印度佛教的傳統，例如印度佛教托缽，而中國沒有托缽。

南傳佛教自認為正統，因為維持住形式，但是維持了形式是否維持了精神呢？這是值得思考的。況且，這真的是兩千五百年前的那個形式嗎？這又是另一討論點。學術上也有文本上的問題，根據考古文獻學，愈古老的就是愈接近的，就是愈好的。根據這個定義來說，原始的巴利文經典最接近原意，後來的大乘經典就不純粹了。這是時間線性思考後的結果。

佛教文本的流傳，是在佛滅度至少兩百年以後，在這之前都是口耳相傳。以現在的傳播觀念來說，口耳傳播就可能發生差異。舉例來說，上課結束後，學生將所聽到告訴別人說今天老師說了什麼什麼，然後，這個人又轉告別人，傳來傳去，中間的差異愈來愈大。如果後來這個口耳傳播形成一個文本，這文本就不是fixed（固定）的，因為傳播的過程中已經有些疏漏或變動。

古代沒有國立編譯館統一版本，規定所有人都用這個版本，所以會產生一個問題：即使找到一個比較前面的版本，那也是「比較前面」而已，並不是絕對的。因為佛陀沒有在上面簽名說：沒錯，我說的就是這樣，而且不准再給我改！

再者，就算當時有錄音錄影，咱們就把佛陀正在說話的現場錄下來，以為這樣就鐵證如山了。我告訴各位，這也還不能作為鐵證。為什麼？即使在場親眼目睹同一事件發生的所有人，對同一事件的陳述和解讀也有所不同，這就是詮釋學裡所說的，流傳的文本或事件必須透過解讀，與讀者進行對話才產生意義。所以即使有錄影機，還是不能判定有一個東西叫做純粹的佛教，其中仍有解讀的歧異性。

就像中國人心中觀音的形象，現代中國人認知的是一個女性形象，長成中國人的樣子；唐代以前的觀音則是男性形象；若愈往西域走，往絲路走，觀音的五官長相就愈來愈像外國人；一直走到印度，乾脆就變成印度人了！所以到底什麼是觀音呢？那個外顯的形象與內在意涵的關係是什麼？這值得深入思考。

如果你今天遇到危難，緊急中呼求觀音菩薩，結果來了一個高鼻深目、受犍陀羅（希臘藝術）影響的外國觀音菩薩，你會覺得祈求靈驗了，還是以為遇到魔障、嚇得半死？這是因為祂不符合你心中的意象。但那只是我們主觀的認定，認為什麼樣子才叫做觀音，這種主觀就是我們需要改變的。

密法獨有的SOP系統教學

蓮花生大士曾經預言，當鐵鳥飛起的時候（鐵鳥就是飛機），佛法會傳到紅人的地方，紅人是美國的印地安人。當十六世噶瑪巴一九七四年第一次到美國的時候，他特別去印地安保護區為印地安人做了一場灌頂，來代表這個預言實現了，It's come true。這很有意思，當時的印地安人懂佛法嗎？但他們接受這個宗教儀式，因為他們覺得很吉祥。當時缺水，灌頂那天下雨了，他們覺得這是件吉祥的事情，蓮花生大士的預言因此應驗了。

這是為什麼在這個時代密法會興盛的一個主要原因。還有另外一個原因，就是：這個時代的人跟古代比起來，煩惱特別深重。

說到古代，我們總是貴遠賤近、貴古賤今，當我們對現實不滿的時候，總是搬出古代，好像以前有太平盛世是如何如何的好。以前不一定比現在好吧！以前的皇帝有冷氣吹嗎？只有兩個人拿扇子在後面搧風，還是熱風啊！也沒娛樂，你現在回家打開電視有這麼多台，古人頂多找戲班子來唱歌跳舞，皇帝也不過是這樣子而已。古代也是一種想像的投射而已，這代表我們對現實不滿。

現代人煩惱特別深重，連很小的小孩就已經不能沒事做了。看現代的爸爸媽媽怎麼讓小孩安靜下來？很簡單，給他 video game，他就能乖乖坐在那裡，這表示現代小孩的心不能夠安住。以前我們的學生時代，很多學生都是趴下來睡覺，現在學生不睡覺了；以前的學生會講話干擾上課，現在他不講話了，因為人手一支 3G 手機，在自我的世界裡自得其樂。雖然每個同學都一直跟你點頭，好像你講得很好的樣子，原來他是戴耳機聽音樂。這就是末法時代，不然什麼是末法時代？法，如果是超越性的，是一切現象的本質、真相，法根本不會衰微；而是人們抓不到、不認識這精神，所以法衰微了。

那麼，密法在末法時代，就好像 SICU（外科加護病房）專用藥一樣，這種藥不會用在通常人身上。我的一個護士朋友，在外科加護病房值班時不小心打破一瓶藥，很貴賠不起，他靈機一動自己去掛急診，想從急診室拿這個藥，沒想到急診室的同事說，這個藥的強度非常強的，一般急診室也用不到這樣的藥。密法就是特殊用藥，現在的人都屬於重症，所以要下猛藥，因此密法會開始流傳。密法興盛是好，但也是因為到了非用不可的時候了，這個時代已經沒有辦法再用那些單純的方式來幫助我們，我們需要更強效、更多的方法。

至於如何判斷一個具德上師（Qualified Master）？在這個時代是困難的，因為大家都沒時間，而且不專業。看誰的廣告大，還是跟隨的弟子多嗎？這可能會誇大，而其他人也可能是盲目跟隨，所以你需要用專業性來做選擇。所謂的專業，密教經典裡面有很多描述，首先必須有傳承，傳承是他必須學過。

這裡傳承的概念跟漢地的不太一樣，漢地的傳承概念，基本上叫做「概括承受」，也就是說，師父跟你印可，OK了，弟子得法以後就自我發揮。禪宗的傳承有這樣的問題，傳統的維繫靠證悟（realization），每一位禪師傳法都是自由發揮，方法不斷變化。我認為這是現代禪宗衰微的主要原因，不是禪宗境界不高，而是方法論的問題，禪宗的方法論只能適合利根的眾生。也就是說，即使大家點頭說悟了、懂了，其實還需要接受考試的；即使你真的懂了，但是你如何去複製這樣的經驗，讓這個經驗可以延續跟傳遞下去？

比喻來說，因為沒有一定的教學方法，當資優生畢業當了老師，繼續在好學校教資優生，那這方式是可行的，有一定的教學成果；但如果他去很差的學校教資質不好的學生，那麼原來的資優生教學法就不適用。為什麼呢？因為他的對象是有學習障礙的人，需要用不同的方法關懷，就好像這個末法時代，根器愈來愈差的時代，如果缺乏有系統的教學方式，儘管理想非常遠大，境界非常高深，只會增加挫折感，而不能完全達成教學成果。

在密乘裡面有很多具體的方法，所以反過來說，就算老師沒那麼傑出，還是可以維持一定的教學水平。這就好比是公司的 sales（銷售員），公司派你去推銷產品，這產品的市場企劃完整，已經幫你整套 package（包裝）好了，產品有二十多種特色，你只要照本宣科，遇到不同需求的顧客就告訴他不同的特性，這叫做 marketing（市場）規劃，一套 SOP（標準操作程序），因此就算你不才，但是你還是可以達成一定的業績、一定的效果。

準備好了沒？——顯、密的共同基礎「加行」

密乘的修學次第，可分為前行、正行。前行也叫加行，這是一個preparation（準備），又可分為「共」的前行，與「不共」的前行；所謂共前行，就是共通於顯教的前行，這是所有佛教徒都得具備的條件。

任何人學佛都得從前行開始學起，這是顯、密不分的共同基礎。有人認為得先學多少年顯教才能學密法，其實未必如此。眾生有所謂「信行者」與「解行者」的分別，有人一聽聞佛法就心生好樂、信心，很快進入不錯的學習狀態；雖然個人因緣和根器不同，但都是從基礎開始修。這好比要登上台灣一〇一大樓的第一百零一樓，也得從第一樓開始，而且不可能不經過前面的一百樓。所不同者，是到達目的地的方式，這是修道次第（stage）的問題。

漢地喜歡談論「頓」、「漸」，其實沒有絕對的「頓」，因為不可能skip（跳過）。譬如走樓梯是每一樓慢慢經歷；也可以搭電梯，但搭電梯並不是直接跳到頂樓，該經過的樓層還是會經過，只是速度比較快。修道次第是不能跳過去的，但方法上有不同的技術能影響進度快慢，這是法門的差異。

共通於顯教的基礎，第一個是談「人身難得」。人身是修行的基礎，擁有能修行的暇滿人身得俱足十八個條件，每一個條件都有 Yes、No，所以機會只有二的十八次方之一，比中大樂透還難。

有人說，世界人口爆炸，人身有什麼難得？但這裡指的不是 Human being（人類），而是 Precious human being（珍貴的人類）。暇滿人身的十八項條件，可分為外在和內在的條件。就外在條件而言，生而為人，還要生在能學習佛法的環境，比如文明、宗教自由的地區。沒有文明怎麼學習佛法呢？宗教自由也還不夠，那地方必須有佛法啊！……有這些等等條件，每個條件都有 Yes、No。以內在條件而言，必須心智正常，沒有學習障礙。很多人先天心智不正常，沒有辦法正確認知和學習，這就不具有暇滿的人身。

從這些條件來看，具備基礎修行條件的難度頗高。為什麼有些人具備了，有些人沒有？這是因果業力的關係。你要感謝前世的自己，因為你前一世做的還不錯，所以這一生才能夠擁有如此稀有的條件堪為修行基礎。

再來談因果，即善惡業。「業力」原是印度的傳統思想，佛教和其他宗教只有一個差別，就是：佛教不承認有主宰業力的主人，就像電影《駭客任務》（The Matrix）中，你以為的真實世界，其實是互動的虛擬世界，是由「母體」所創造的。

從善惡業的角度來說，在過去生中要持守五戒十善，才能夠得到現在這個暇滿的人身。在這時代，要非常好地持守五戒十善很困難，我在學生時代參加大專學生齋戒，大家都認為不殺生、不偷盜、不邪淫、不妄語、不飲酒，這太容易了，出了社會以後才發現，這太難了！所以這裡強調要相信因果業力。

六道就是指不同的生命型態。佛教觀點不局限在人類的視野，而是關照了整體宇宙生命的和諧狀態。生而為人，具有特殊的修行基礎和優勢；如果生成一隻猴子、狗或豬，雖然豬比狗聰明，豬還是沒辦法學佛。雖然很多的動物好像有善業，貓和狗在佛前合掌就上了新聞，但只能說還不錯啦！

從第一個共同的基礎「人身難得」談起，就會談到六道輪迴的狀況。很多人質疑地獄、天道在哪裡？認為這是無稽之談。這有幾個方式來解答：**有共同業力的人才會見到共同的世界**。其實，在人道已經俱足了六道。從外在世界來看，富裕如美國紐約，一樣朱門酒肉臭、路有凍死骨，有很多飢困的遊民如活在餓鬼道；天道則是沒有飢困冷暖等基本生活需求的問題。從內在精神世界來看，當心中充滿瞋恨就是在地獄裡，內心愚痴就是畜生道，心生貪婪就是在餓鬼道，忌妒心起就是在修羅道。內在外在、物質精神各方面條件都還差不多可以，這是在人道。人道雖然好，可是還不夠好，不夠好又有點好，至少你還有時間和機會去創造「因」、去撒下新的種子，然後改變結果。

很多人不相信因果業力可以超越時空。舉一個簡單的例子，埃及金字塔裡發現了五千年前的稻米的種子，播種之後，居然種出五千年前的水稻。這就是佛教說的「假使千百劫，所作業不亡，因緣際會時，果報還自受」，那個業因已經種下，只是沒有足夠的條件——緣，來讓它成熟。種子種下去，陽光、空氣、水、土壤、溫度都適合了，因緣俱足了，它不發芽都不行。佛經裡另有一個譬喻「如鳥騰空」，鳥飛在空中高飛，以為沒有影子，其實是沒看到而已，一落地面即如影隨形、果報自現。

現在的遭遇，就是過去善惡業的綜合結果。過去所為不是絕對善，也不是絕對惡，所以你獲得有時快樂有時痛苦的果；而未來的果還沒成熟之前，你現在還有機會選擇。所以不用算命，也不用催眠，欲知過去因，現在受者是；現在就是過去的結果，未來要怎麼樣，不用問什麼大師，欲知未來果，現在做者是。這就是因果。深信因果律，就可以解釋眼前所發生的一切，而且可以擁有改變的主控權，何必再問命相大師？

因果業力的作用力不僅在此生，也貫穿未來世，因此你可能隨業力流轉到六道任何一個地方，這樣麻煩就大了！因為人身難得！這一世因為過去的善業生而為人，有機會修行卻沒有好好修，下一世或許惡業成熟變成一隻豬，只能在豬欄裡吃飼料，最後被送到屠宰場，有任何機會再去把負債變成資產嗎？這就是業力可怕的地方，跟資本主義社會很像，負債以後債務不斷累積，很難翻身。

所以要把握此生這個機會，六道流轉好不容易得到現在這個地位。雖然已得人身，問題是：你一定會死，此生的有效使用期限不定。這很麻煩，你的有效期限是不定的，叫做「無常」，死與無常，一定會死，沒見過不死的。歷來所有求仙、長生不死的皇帝都死了，一定會死是確定的。問題就是**死時不定**，**你現在還活著就是還有機會**，可是誰都沒有把握，可能明天人就不見了。這種例子太多了，但是我們永遠認為——這不會發生在我身上吧！我不會那麼倒楣吧！閩南諺語說：「棺材是裝死人，不是裝老人。」老的、病的可不一定會先死。一個朋友的媽媽得癌症三十幾年還活著，先生、小孩、親戚都比她早走了。所以要體會死與無常的道理。

死亡有幾個條件，第一個是：業力結束。第二、三是：壽（數）與命結束。業、命、壽這三者都沒有了，神仙也難救。如果三者中有一或兩個 decline（衰損），還有機會救，三者皆無就是死亡。

死亡之後往哪裡去？隨業力而去流轉六道。在此，一般人有幾個疑問：密宗加持（blessing）不是很厲害嗎？加持是否違反因果業力？因果必定自業自受，佛力加持有何用？

這有幾個譬喻可以解釋。因果業力好比石頭，《阿含經》提到，如果有人把石頭放進水裡，口中唸著：浮起來啊、浮起來啊！石頭還是會沉下去。因果不能透過其他方式改變，如果可以，我們今天不會坐在這裡，只要求佛慈悲，每個人的頭都摸一下，業力全部清淨了，就得解脫了，所有的壞帳都請佛來打消，就跟美國QE3（第三次量化寬鬆政策，A Third Round of Quantitative Easing的縮寫）一樣，印鈔票就解決啦！

壞帳是沒有這麼容易打消的。但是在《地藏經》裡提到一個譬喻：有個身負重物、遠路而來的人，此時若有人幫他承擔一點，減輕負擔；或者是下沉的石頭用一塊木板托著，讓它暫時不會沉，這就是加持的意義。以前我演講過一個主題「如何跟法界銀行貸款」，先跟法界銀行（dharmadhatu bank）借用一下，暫時增益一些可能性。這是一個方式。

以上綜合談到四加行的內容，包括人身難得、死與無常、因果業力，以及六道輪迴。這些是共通於顯教的前行，有這個基礎以後，才能修持密法。因為理解這些內涵，才會升起強烈的出離心（renunciation），**所有佛法修持都是為了出離三界輪迴，而不是要在輪迴裡活得更好。這是一個很重要的概念。**

很多人學佛是把佛當作一個大神，可以幫你實現現世或未來世的利益，你就會混得比別人好。這是錯誤的。菩薩雖入娑婆度有情，在娑婆這個工作領域，菩薩也是有工作守則、有權限的。我另外一個演講題目叫做「閻羅王也是公務員」，閻羅王也沒有主導權，沒有絕對的權力，祂就像法官，還是要根據某些rule（規則），你求祂也沒用。這就是佛教對其他神祇的觀點：承認這個角色，但不承許神祇的權威性，因為閻羅王也是因果業力的產物，而非主宰。

開始 Step by Step
——不共加行

透過共加行的修持，對六道輪迴痛苦有了認知，自然希望能夠離苦得樂，心中因此生起了出離心。離苦是脫離欲界、色界、無色界等三界的苦。欲界就是有陰陽、兩性關係的世界，色界是沒有陰陽的世界，無色界是無形無相、完全精神存在的世界。對這三界短暫的安樂都不眷戀迷惑、完全超越，就是所謂的出離心。

所有人，包括動物，都想離苦得樂。如果你相信輪迴的話，你的每一世都有父母，而無始以來輪迴的次數已經沒辦法計算了；邏輯上來說，無量的有情眾生，在過去世可能曾經是我的父母，只是現在不認識了。我的父母很痛苦，我該怎麼辦？

有人說，他從小被家暴，對父母沒感情！但他絕對不是只呼吸空氣長大的，生命中一定有關懷他、照顧他成長的人，父母只是一個普遍的譬喻，可以換成其他重要的、能喚起愛的對象。

為了幫助所有如父如母的有情眾生，就必須生起「菩提心」；為了要快速幫助他們脫離輪迴苦痛，所以要修學密法。到這裡才開始進入所謂的「不共加行」，「不共」，就是不共通於一般顯教，菩提心就已經不共通於小乘。

四不共加行即皈依、發心、懺悔罪業、集聚資糧。簡單來說，能夠真正生起菩提心，就是皈依、發心；打消壞帳，負債盡快打消掉，才能開始累積資產，然後尋求可靠的投資管道——跟上師相應，這就是密乘的四不共加行；每一項基本上都得做十萬遍，所以叫四十萬加行。

一年三百六十五天，以三百天計，如果能每天不間斷，一天禮佛一百零八下，也要三年才能完成十萬遍。印度人很會算數學，念珠一百零八顆，加三顆隔珠共一百一十一顆，只能算一百，因為要扣掉不專心、跳過去等百分之十的不良率，QC（品質檢查）一定要做好。所以修行一定要即時把握時間，好好地、快速地做，而且愈年輕愈好，趁你還有體力、心力，等年紀大了精神渙散，身體也不聽使喚時，就太慢了，來不及了。

完成加行之後才開始進入正行。正行的內容有不同的修法，譬如有人喜歡阿彌陀佛，有人喜歡觀音菩薩，不同的佛尊有不同修法。修法上跟顯教有一個最大的差別，就是運用「身方便」，這樣的 methodology（方法）、technology（技術）比較高，這是高科技的產物。

顯教強調修心，心無形無相，標準是什麼？這很難認定，很多人其實是自我感覺良好。密法運用的是身體，因為身心互相依存。比如很快樂的時候會感到身心舒暢；鬱卒、沒睡飽的時候，思考力也降低了，記憶力也差了。所以身心二者是互相依賴的。

以密法的觀點，暇滿人身有特別的意義；如果是鬼，或是沒有這個肉身的話，就不能利用身體來修行。在別人看來，身體是障礙，是不利的條件，但密法能將負債轉作資產，轉身體障礙為有利的條件，透過身的方便來修行。身的方便就是：透過感官和外境的接觸，色、身、香、味、觸，利用視覺、音聲、意念來幫助修行。

加行的修法，第一個需計算 quantity（數量），量變會產生質變，所以必定要在一定的時間內累積到一定的數量，才會維持修行的有效性。要計算多久之內唸完多少咒、修完多少座的法，否則雖然說去閉關一個星期，卻在裡面睡了六天，那就沒有達到效益，所以會要求一定的進度和安排。要求數量是為了達成它的質量，質量就是修行者的身心是否產生變化。

所以大禮拜不是為了練身體，練身體去健身房更好，不用來這裡辛苦的拜。是透過這方式，一方面是疏通身體裡面氣脈，即能量的管道，一方面是讓你稍微有點辛苦，鍛鍊的是你對三寶信心的堅定度，以及你的慈悲心是否增長。每個人都說要成功、要成佛，但是成佛常常只是現代佛教徒工作之餘的精神娛樂罷了，一開始修持加行，做大禮拜，發現度眾生這麼辛苦，還是算了吧！

很多人認為的「驗相」或「徵兆」是outside，是外在某個表徵，例如見到觀音菩薩或佛。當然這也是其中一種，但這不是驗相的核心意義。身心是否產生改變？對上師三寶的信心是否增加？做懺罪法門的時候，是否對惡業因果更加畏懼、深信？集聚資糧的時候，是不是對於善法更加精勤？驗的是「心」，心產生的變化就是「相」，這才是真正的驗相。以修加行來說，在一定的時間內完成一定的數量，最後呈現一定的結果，就是加行圓滿了。

如果心沒有產生任何變化，十萬加行只是個虛詞而已，那就繼續做第二個四十萬、第三個四十萬。據說在末法時代，至少要做四次四十萬；末法時代有如地質不良的土地，所以地基得打更深才行，才能夠保證房子能夠蓋得起來，foundation（基礎）就是所謂的加行，是正行的preparation（預備）。

這裡談論的重點是：以四加行的內容來說，密法跟顯教並沒有太大的差別；以修持方法來說，密教精確的計算方式，能更有效達成目標。所謂次第明晰，就是更有系統規劃性、層次分明的修持步驟，以此增進學習效率，令身心快速成熟。這是顯、密在方法論上的極大差異。

正確的發心是快速成就的基礎

有人說，要先學顯教多少年才能接受密法。這不是正確的說法，學佛法不是以時間計算，能夠理解才是重點，然後對大乘法、三寶生起好樂與信心，這樣就是入門了。若不是如此，再讀二十年經書也沒用，二十年以後你仍然懷疑：「真有地藏菩薩嗎？地獄的工作環境不好，祂為什麼要去那裡呢？」但這個時代最相應的法門就是地藏法門！為什麼？因為大多數人壞事做絕，都會「下去」，很快就會跟地藏菩薩相應。但要「上去」可不容易！修學密教要有顯教基礎，基礎的意義是這樣的。

再來就是要有正見——正確的見地，即無我——人無我、法無我的空性見地，在這個基礎之上，就可以進一步學習密法。

現在很流行的一部論書《菩提道次第廣論》，我認為這部論書流行的原因，是推廣的人將漢地儒家思想的道德觀與人天乘教法結合。因為漢地推廣者往往內容只講到《菩提道次第廣論》的三分之一，即下士道的部分，下士道就是人天乘，人天乘就是人間的道德規範等等，這部分跟我們漢地的倫理道德觀容易結合。但《菩提道次第廣論》的重點在最後一章，真正有菩提心的人就要進一步修學密乘，所以《菩提道次第論》跟《密宗道次第論》這一本書的上、下冊是不能拆開的，現在卻拆開只取前面的三分之一，叫做新三年、舊三年、再三年，學了九年還是前面的三分之一，這很可惜。

為什麼要進學密乘？因為慈悲心。慈是「予樂」，給予眾生安樂。眾生有諸多痛苦，因此不安樂，所以你要有悲心，悲就是「拔苦」。如何予樂、拔苦？必須智慧、力量、慈悲三者俱足。他人有問題，你沒辦法幫，這是智慧不夠；你有辦法，可是你不願意幫，這是慈悲心不夠，如果是敵人，還甚至巴不得他早一點失敗，是不是？或者，你有方法也願意幫，但是沒能力。誰具有完美的悲、智、力呢？就是「佛」。

「佛」是梵文 Buddha 的音譯，閩南話叫做「ㄈㄨˊ」，這個字是沒有意義的。有人說佛，弗、人，就是不是人、超人（Superman）。其實不對，這不是個漢字，只是拼音而已。佛的意思就是正覺，覺悟的人、成就正等正覺的人。什麼是覺悟呢？就是具有一切慈悲、智慧和力量，梵文就叫 Bodhi，就是所謂的「菩提」，英文是 enlightenment（啟蒙、教化），成佛的結果。只有成佛才有辦法真正救度眾生，因此要發菩提心，發菩提心是因為你要做 Superman 拯救世界。好萊塢電影創造了一大堆鋼鐵人、超人、蜘蛛人都要拯救世界，但那種拯救是以我執、特定利益為中心，而不是無我的去利益一切有情，這是有差別的，因此一定要發菩提心。

一般顯宗的教法裡面說，要多久才能成佛？就是久遠的未來。如果你是一個有加倍慈悲心的人，自然會這樣感受——這表示眾生還要再忍受非常久的痛苦！若我三大阿僧祇劫以後再成佛，才能圓滿利益眾生，如母眾生還要再受多久的苦？這令你非常不忍，因此你瞭解到，佛既然有圓滿的智慧、慈悲、力量，祂一定有特殊的、快速的方法，讓我們成就，以及利益有情眾生。如果真的有這種大菩提心、大悲心的人，他就是修學密法的根器，不管你唸了多少顯教的經典，這一點是最重要的。

你不用去問別人自己適不適合修密宗，就問自己有多少菩提心。或者問自己，為什麼我的修行不成功？或者沒有達到應該有的徵兆？這叫做驗相，佛法的學習是可以檢驗成果的，就是它的 signs。所以，透過正確的發心，自然就會進學密乘。

大手印不是大手勢

從有相的方式開始，漸次到達對無相法門的理解，無論是大中觀、禪、大手印、道果或大圓滿，重點都是一致的，也只有一個主題，就是自心本性。

「大手印」這名詞翻譯的不夠貼切，它不是一個手勢。以前台灣有一位知名度很高的「大師」，登門求教者不乏黨政影界名人，加上媒體推波助瀾，一時之間門庭若市、車水馬龍又星光閃閃。每次他幫人看風水的時候，就比一個手印說：「這叫大手印，我祝福大家，這叫大手印。」這不是大手印，這是大笑話。

大手印或大圓滿的「大」，意思是不可超越，才叫做大。古印度有一個故事，某人在地上畫了一條線，提問道：不碰觸改變這一條線，但要把這條線縮短，該怎麼做？其實不難，在地上畫一條更長的線，原來的線就變短了。這故事說明了大、小是相對的，是概念性的。莊子也說「至大無外」，這才叫大。

Mahāmudrā 的 mudrā 雖然可以譯為手印，但「大印」是比較貼切的譯法，取印章、印契之意；譬如玉璽代表國王的威權遍及宇宙國土城邑，涵容一切。

「大圓滿」，首先要談什麼叫做圓滿？沒有任何限制就是圓滿，超越限制之意。「道果」的「果」，是成佛的結果，即佛果。達成佛果的方法及過程，就是所謂的修道，透過這些修道可以達成這個結果。

無論是大手印、大圓滿或道果，都是同樣一回事，就看著重哪一個階段來談，從begin（開始）談起，還是談result（結果）。這也是顯、密之間另外一個頗大的差異。如果從起點來看終點，終點確實遙不可及的，這就是因乘（causal vehicle）的角度，以一個罪惡凡夫來看圓滿的佛，俗與聖是切割的，二元對立的（dualistic）。如果直接從結果的角度去談，俗與聖差距就縮短了，有如手心跟手背而已，這才是真正的「頓教」。密乘之所以稱為果乘，用現代話叫做「複製成功者的經驗」，直接複製那些已經成佛者現在的狀況，成為道用、成為你的方法。

如果以農業社會跟資本主義社會來比喻因乘和果乘，顯教就像辛苦種田的農夫，不敢吃飽，得留些穀子作種子；播種以後，還要操心是否風調雨順，有沒有天災人禍，能不能順利收成。農業社會的勞苦付出，卻得到很少的成果，這就是一般顯教理解的方法、修行的方式。至於果乘，就像是資本主義社會的經濟模式，賺錢不一定要種田，可以利用知識、技術賺錢，也可以投資、經商，錢滾錢、利上加利。

這裡談的是果位方便，果位的修行方法比較多元。有一個形容詞說「不費勤勇」，雖然有誇大之嫌，因為修行都是很辛苦的，光說四十萬的加行都不知道要拜到哪一天；但相對於顯教來說，果位起修是更有效率、沒那麼辛苦而已，並不是能不勞而獲。

以上提及顯密的差異，包括灌頂、因乘跟果乘的概念，以及果乘法門方便較多、較不費力等，這是相對於顯教來說的，無論如何還是需要達成一定的標準。

大手印提到的四瑜伽（four yoga），這是契入大手印的方法。瑜伽指的是修行階段，你的心會有四個階段：專一、離戲、一味、無修。首先是專一，有了專注力才能觀慧、分析。離戲，遠離戲論，即智慧升起。然後，座上跟座下 meditation（沉思、冥想）跟 off meditation 的時候必須融合，叫做一味（one taste），諸法一味；才不會在佛堂時修得很棒，一出佛堂就跟太太吵架，這就不叫一味，叫兩味。最後是無修，無修而修，因為從來不曾離開過那個狀態。這就是大手印所謂的四瑜伽。

藏傳佛教是人類共同的精神文明資產

華人社會對密教，特別是藏密，有諸多正、反面的批評指教。因為中國是文明高度發展的國家，佛教傳入中國幾千年來，已和中國文化產生相當程度的融合，使得華人對佛法的義理和形式形成既定、特定的觀點，這個影響不僅見於佛教界，也深入一般民間。

任何宗教發展，必定和當地文化產生結合。中國如此，同理，藏傳佛教從外在形式上來看，亦有濃厚的西藏文化特色。然而印度佛教在中國和西藏發展的狀況有相當大的差異，以當時藏區文化的水平來說，與來自較高文明的印度佛教之間所謂的融合，毋寧說是被融合，這也就是學者普遍認知的「藏傳佛法保存了較高純度的佛法原貌」的原因。佛教從印度傳播到西藏，彷彿在遺世獨立的冰雪高原封印了一千多年，而時勢變化導致許多西藏上師離開藏區，有如解封印般，讓藏傳佛教很快地在全世界開枝散葉。

「藏密」其實是一個有誤導性的名詞。首先，西藏的佛教不是西藏人發明的，因此「藏傳」或「西藏佛教」，也不是很貼切，它是人類共同的精神文明財產。其次，西藏佛教不只有密教，還包含了顯教的成分，不能獨稱「藏密」，不過當然，密法是其特色。

若我們有幸能以正確的態度去理解藏傳佛法的意義，接下來，還能正確理解如何操作，那就是更大的幸運。

密教的神祕色彩常被人詬病為「故作神祕」，也容易被發心不正的人利用行詐導致非議，由此，瞭解密法「密」的意義是非常重要的。

密法修持，就好比實驗室裡的實驗，或使用微波爐，人人皆知按下按鍵東西就能煮熟，也知道有金屬邊緣的盤子、罐頭不能微波，會爆炸。但是，對不具都會生活經驗的鄉下老太太來說，沒有這個經驗和知識，就可能會搞爆炸。而密法的操作手冊、安全守則，來自有經驗的上師，上師能在適當的時機給弟子「量身訂做」的口訣教授。這就是密教強調師徒關係、特定的時機，以及為什麼要「密」的道理。又比如，重症必須有醫生指示服藥，不能道聽途說，自己去藥房買來吃，那就真的要送加護病房了。

對密教成見很深的人，大部分是不理解。或者是，有一些應該保持祕密的東西，卻輕易地被解密了，在不適當的時候解密了，這就會造成問題。譬如說「身方便」的觀念。每個人都有身體，這有什麼特別的祕密嗎？異形或畸形？都沒有，都是一個頭、兩隻手。既然大家的身體都一樣，沒有祕密，我們為什麼要穿衣服？原因是：社會認同。在公共場所膽敢不穿衣服，會被認定是有問題的。

這種認定，是社會文化養成的成見、概念，有時候還真不公平。有一個笑話說，某男子在自己家裡庭園做裸體日光浴，被鄰居女生打電話報警，罪名是暴露狂，他被抓去警察局關了一天。隔天他回家後，看到鄰居女生也在庭院裸體日光浴，他也打電話報警。結果呢？還是他被抓去關，罪名是偷窺狂。公平、是非的標準在哪裡？端視當時社會約定俗成、道德和法律標準。中國人對身體的觀念比較拘謹、保守，西方人則較開放，因此就有不同的標準。

國父孫中山學西醫的時候，他的老師對他說：「解剖課你不能參加，這有悖中國禮法，男女授受不親！」解剖大體當然是裸體啊！受制於中國的民情風俗，不只是解剖，西醫看診與病人有較多身體接觸，在當時也是抵觸文化禁忌，常招非議。

許多佛教極右派人士，對「身方便」這個觀念不求甚解，反應非常誇大。中國人本來就講陰陽，陰陽可以代表天地、日月、正反、男女等等，但如以具象化的男女來比喻，他們就震驚到無法接受，和西方人的反應截然不同，這是文化風俗差異造成的問題。

不過，這確實是很容易被誤解、誤用的議題，任何假宗教之名的不良行為都是令人遺憾的，這也更加凸顯傳承和具格上師的重要性。當然，要遇見和依止一位具格上師，也需要很大的幸運。

釋迦牟尼佛

釋迦牟尼佛是佛教的創始人，大約誕生於西元前六世紀，正是中國的春秋時代。出家前是古印度迦毘羅衛國淨飯王的兒子，名為喬達摩．悉達多。王子出生即喪母，由姨母扶養長大，雖然在深宮中養尊處優，不知人間疾苦，但天性細膩敏感。王子出遊時，看見民間生、老、貧、病、死的現象，深受震撼，決心求得生命的答案，便在二十九歲離開王宮出家。王子後來在菩提樹下徹悟生命實相，被稱為「佛陀」。「佛」是印度梵文的音譯，意思是「覺者」。

菩薩

菩提薩埵（Bodhisattva）的簡稱。「菩提」是覺悟，「薩埵」是有情；能達到圓滿覺悟，又能幫助有情眾生脫離痛苦、走上覺悟之道的行者稱為菩薩。大眾熟知的有四大菩薩：文殊菩薩，以智慧聞名。普賢菩薩，以大行聞名。觀音菩薩，以大慈大悲聞名。地藏菩薩，以大願聞名。中國有四大菩薩道場的說法：文殊菩薩在山西五台山，普賢菩薩在四川峨眉山，觀音菩薩在浙江普陀山，地藏菩薩在安徽九華山。

初地

根據《華嚴經》所述，菩薩共分五十二個階位（十信、十住、十行、十回向、十地、等覺、妙覺），其中十信位是凡夫，十住、十行、十回向位是賢位菩薩，只有後十二個階位（即從初地到十地，加上等覺、妙覺）是聖人，故初地以上的菩薩為聖位菩薩。其中初地即「歡喜地」，證入歡喜地以上的就稱為登地菩薩。

有情眾生

有感情、能覺知思考的生命體。草木、土石、山河、大地等，稱為非情或無情。因業力福報的差別，有情眾生分布於六道之中，但是佛教強調所有生命的平等性質。

六道	天道、人間道、修羅道、畜生道、餓鬼道、地獄道。六道又名六趣、六凡或六道輪迴。
輪迴	無法脫離生死的迷謬眾生，這一世出生在這一道，下一世又出生在另一道，生了又死，死了又生，永遠在這六個場域中轉來轉去，稱為六道輪迴。
業力	業是身、口、意所造作的活動，包括過去、現在與未來的行為。現在是過去所做業的結果，未來則決定於現在所做業，業力即這種跨時空的因果關係。例如打人是身業，罵人是口業，起心動念是意業。業有善惡之分，造善業如種善的種子，將來必結善果；造惡業如種惡的種子，將來必得惡果。
三世因果	善、惡業的因，造成善、惡的果報，熟成時間可快可慢，可能在今生，也可能在未來世。不是不報，是時間未到，因果的作用力可通達過去、現在、未來三世。
三寶	佛是導師、法是正道、僧是法侶，三者都是幫助眾生脫離輪迴苦海的重要因緣，因此珍貴如寶。
皈依	正式成為佛教徒的儀式。意為投靠與依賴佛、法、僧三寶為佛弟子的皈依處，以修學佛法，獲得解脫生死的大智慧。
乘（ㄕㄥˋ）	乘的梵語原意是指交通工具，比喻幫助眾生從無明此岸渡到智慧彼岸的工具。佛教有三乘，即小乘、大乘、金剛乘，佛陀依據眾生根器、機緣不同，宣說了三條不同的解脫之道。

上座部	部派佛教之一派。據北傳佛典所載，佛入滅百餘年後，大天等進步派比丘倡導五條教義，保守派則反對之，教團因此分裂為上座部與大眾部。若據南傳佛典所載，最初分裂則是因對有關戒律十事之見解不同而引起。上座部較大眾部相對保守。
說一切有部	佛入滅三百年初，從上座部分出，勢力最大，是上座部理論的代表。
慈悲與菩提心	慈心，樂意給予所有生命快樂的心念。悲心，悲心是願能幫助所有生命脫離痛苦的心念，在慈悲心的基礎上方生起菩提心——願一切生命臻至圓滿佛果。菩提心是佛教中大乘與小乘的根本差別。小乘行者以自我脫離輪迴之苦為目標，大乘行者則以菩提心心願幫助所有生命離苦得樂，如地藏菩薩發願「地獄不空，誓不成佛」。
布施	以福利施以一切生命體。佛法修行從實踐布施開始，可對治「慳貪」習性，長養慈悲心，累積修行的福德資糧。布施分為財布施、法布施及無畏布施，以法布施最殊勝，以財布施為基礎。
在家五戒	相對佛教出家僧眾持守的具足戒（比丘戒／比丘尼戒），在家居士則至少應持守不殺生、不偷盜、不邪淫、不妄語、不飲酒等在家五戒。
大乘菩薩戒	發菩提心的大乘菩薩所受持的戒律。菩薩戒的內容綜括為三聚淨戒，即攝律儀戒、攝善法戒、饒益有情戒；具體戒條依據在家或出家身分，或中觀與瑜伽等傳統，而有所差異。

密乘戒

領受大灌頂時所承諾持守的誓戒，如瑜伽部以上的五方佛戒、無上瑜伽部的十四根本墮、八支粗罪等。

末法時代

從釋迦牟尼出生算起到現在為止，佛法教化於世可分為正法千年、像法千年、末法萬年三個階段。我們現在即處於沒有佛出世的末法時代，特徵是：佛法日漸衰微，修行的人愈來愈少，有成就的人稀少，邪師說法（冒牌佛教徒講授佛法）愈來愈多。特別需要修持密法來對治粗重的煩惱。

顯經密續

相對於印度佛教以紡織的經線，將大小乘顯宗的佛語稱「經」（sutra），密宗的佛語則以紡織的緯線稱為「續」（tantra），以「有經線還要有緯線才能織成一塊布」之喻，表有了大小乘經典還要有密乘經典，才算完整的學習佛法。此外，密乘的「續」還有持續、連續之意，即指心、佛、眾生、十法界皆不離此心之相續。

法王

古時稱釋迦牟尼佛為法王，意為佛法的最高領袖或權威者。也用於敬稱傳布佛法的一國之君，或是修為高深的自在成就者。中國從元朝開始，法王成為官方頭銜，用來冊封蒙藏地區重要的佛教僧侶。今天常用於尊稱西藏佛教各教派的領袖。

直貢法王與薩迦法王

藏傳佛教當今的四大教派分別是：寧瑪派、噶舉派、薩迦派和格魯派。本書中，噶舉派的直貢法王是指當今第三十七任直貢澈贊法王（一九四六～），薩迦法王（一九四五～）則是指當今第四十一任薩迦派的領袖。

上師	梵文為Guru（古魯、咕嚕），意指具有崇高德行的人，能指導弟子修行學習的老師。西藏佛教稱為「金剛上師」，指具有資格傳授密法的導師。漢傳佛教習慣上稱自己的師父或其傳承祖師為上師。「古魯仁波切」通常是指稱在八世紀時將佛法傳入西藏的蓮花生大士。
活佛	這是漢人對轉世再來者的俗稱，藏傳佛教中沒有這個名詞。藏傳佛教的說法是「祖古」，意指發願轉世再來利益眾生的修行成就者。
仁波切	藏文意指寶貝、珍寶，也可泛指一切珍貴的人、事、物。用來稱呼人時，指此人在佛法修行有很高的成就，為人中珍寶、人上人。
喇嘛	其實，今日泛指修學藏傳佛教的行者的「喇嘛」一詞，是藏語Lama的音譯，意為「上師」的意思。本為西藏地區用以稱呼有成就的尊貴修行人，猶如漢地的長老、上人、高僧。現在社會已慣用此名詞稱呼藏傳佛教一般的出家人。然而上師可以是出家眾也可以是在家眾，若上師是在家眾，當然有選擇是否結婚的權力；如果是出家眾，當然不可以結婚。只要是沒有受出家戒就可以結婚。只是藏傳佛教的衣服，不易讓人分辨在家眾與出家眾的不同，所以外人容易混淆。因此，不是「喇嘛可以結婚」，而是「在家眾、沒有受出家戒的修行者可以結婚」。

轉世制度

轉世制度是藏傳佛教不同於佛教其他支派、不同於其他宗教的一大特色，創立於西元十三世紀。修行成就者為了繼續利益眾生的佛行事業，圓寂之後轉世投胎，其轉世靈童的身分，必須由當世的法王或其他高階修行者依一定程序認證，並舉行陞座儀式確立。認證轉世的過程對世人而言充滿神祕色彩，大多轉世者在生前即留下遺囑、預言，暗示將在某地轉生。第三世巴麥欽哲仁波切的前世，即明確指示將轉世為二十五個化身，其中會有一位化身轉世到漢地。

巴麥欽哲仁波切

欽哲傳承始於一位偉大的不分教派（利美運動）上師蔣揚欽哲旺波（一八二〇～一八九二），他的成就與證量不可思議。他圓寂後，因應眾生和弟子們殷切的祈請與需要，示現為多位轉世化身到不同的教派中去，其一便是轉世到直貢噶舉派的巴麥欽哲（意為轉世到巴麥寺的欽哲仁波切）。

在青海巴麥寺的簡介中對這段歷史的淵源述及：當時巴麥寺的寺主第六世洛昆桑仁波切為新建寺院，特別前去請示蔣揚欽哲旺波，並請求他轉世到巴麥寺。當時，蔣揚欽哲旺波針對此請求，曾多次對人說：「若我是生死自在的瑜伽士，應轉世到囊謙，對佛行事業將會很有幫助。」在此自述之吉祥緣起與三十多種伏藏經典的授記下，一八九四年巴麥上寺啟建後，蔣揚欽哲旺波的意化身，果然於一八九七年降生到巴麥寺附近。巴麥欽哲生前曾預言他會有一位化身轉到漢地，本書作者便是被兩位法王指認為第三世巴麥欽哲仁波切。

陞座	一般意指顯教新任寺院住持晉山就職、法師登上高座開始說法。西藏佛教以陞座這種特別舉行之公開儀式，承許被認證的轉世化身繼承其前世修行者的法位、法統身分，寄望從此能陞座獅吼，擔負弘法大任。
阿闍黎	軌範師，教授師。顯密皆有。教授弟子，自身堪為弟子楷模者。
金剛上師	即金剛阿闍黎，佛教中傳授金剛乘（密乘）灌頂、口傳與修持訣竅的導師。
灌頂	印度太子登基時，取四大海水澆灌於頂，代表登上王位統理四海之意。大乘佛教援用此例，顯宗十地菩薩成佛前，接受十方諸佛大光明灌頂，代表即紹繼佛位。密宗則以灌頂做為修持密法的入門授權與加持，有驅散和注入之意，能有幫助弟子心相續得以成熟（使堪能受法、修法乃至證悟）的效果。
下三部與無上瑜伽部	金剛乘（密乘）法門分為四個次第，又名四部瑜伽。其中，事部、行部和瑜伽部，相對於最高的無上瑜伽部而言，又被稱為下三部。
閉關	修行的人在特定的地點、區域，如隱密、寂靜處所，閉門謝客，不受打擾，專心、密集地修行。主修的內容依目標而有不同。期限也不一定，有數日、數月、數年甚至終身閉關者。

活佛老師你好讚之學生真情告白

作業一：幫爸媽洗腳心得報告

- 在洗腳的過程中，我跟媽聊聊天，她才說起因為她早婚，二十歲就生下了我，那時的媽媽正讀五專還沒畢業，還是學生的她，根本不知道如何照顧一個剛出生的嬰兒，她覺得當新手媽媽是最辛苦的，但也是甜蜜的負擔。這時我偷笑了一下，因為我知道我的確是個負擔。媽媽接著說她很開心有我這個女兒，很貼心也很懂事，她期許我完成學業後，能學以致用，完成夢想。我一邊洗一邊聽媽媽說話，摸著她有點粗糙的雙腳，我才發現她也快邁入不惑之年了，時間帶走她的年齡，我正漸漸地長大成人，我知道該是我要回報母愛的時候了。

- 媽媽真的很辛苦，獨自撫養我和弟弟長大，經歷過最窮困、最困難的時候，心裡是萬分的感謝！以前媽媽上台北工作，就是由外婆代為照顧，當時兩個小孩子又頑皮，想起來十分辛苦，也很謝謝我阿嬤，於是我也幫外婆洗腳。我由衷感激在我生命中兩位重要的女人──媽媽和外婆。藉由洗腳這個活動，了解到「愛要及時，孝順在即」，謝謝老師能夠出這項作業，讓我重新瞭解我的家人就是愛我的人，我要好好孝順她們！

- 覺得這個活動真的很好笑，平常怎可能沒事就幫媽媽洗腳！也因為這個活動，我才發現，原來媽媽因為長時間站著，腳都爆青筋了，蘿蔔也很大，就算是這樣，依然是我最愛的媽媽唷！在過程中，因為一點點的害羞和小尷尬，弄得大家笑哈哈的，也覺得氣氛變得很溫暖很熱鬧，只想對媽媽說，您辛苦了！

- 在幫父母洗腳時，我感到自己就像是浪子回頭，因為我曾經一直是個問題少年，老是給父母惹麻煩，以前在學校常常出一些問題，都是父母出面到學校解決我的問題。回想起老爸老媽一直是我的後盾，也是一直永遠支持我的家人，他們現在已經老了，在替老爸和老媽洗腳時候，我的心開始溫暖了起來，想謝謝老爸和老媽照顧我二十年。現在我長大了，換我好好來照顧你們，藉此表達我對家人關懷和孝順的心。

作業一：幫爸媽洗腳心得報告

- 記得上學期的作業是幫媽媽洗腳，那時我心血來潮想要幫媽媽按摩，結果被拒絕得很淒慘。所以這是我想到的新方法——給她全套的享受。看見媽媽日漸年長，白髮也漸漸地長了出來，有的時候她都會上美容院花個好幾千元去做頭髮、染頭髮，那倒不如就讓我染吧！我可是媽媽最貼心的設計師呢！於是找了一天我沒有打工、媽媽沒有加班的日子，「瑄瑄美容院」開張囉!! 就在我們家的客廳。這次染髮中，我們聊了許多，其實我非常的開心，因為真的很久很久沒有跟媽媽聊這麼多話了，我真的很快樂！也很滿足！謝謝老師的作業！

- 媽說：「看著眼前的大女孩正在洗我的腳，心裡頭想著第一次與這女孩的見面場景，那是她剛剛睜開眼睛的時候，眉開眼笑得真討人喜歡，心裡頭想著，感謝老天爺的恩賜，一個完整健康的孩子將會帶給我多少的歡樂！我將用我最努力的心來照顧她、疼愛她……思緒漸漸回到現在，感謝老天爺的保護，讓她平平安安的長大，希望她健康平安，沒有煩惱，直到永遠。」我很感謝父母生下了我，將我養育長大，不時為我指點迷津，指引我人生的方向，並且陪伴在我身旁，在未來的日子，我會更加孝順你們，也希望你們可以一直陪在我身邊。

- 我跟父母說，參加總統府前孝親洗腳活動後可以拿到一千元禮券！但他們在我說完後的兩秒鐘後便識破我了，竟然直接說：「是學校作業吧！哪一科的老師出的啊？」奇怪我有表現得那麼明顯嗎？撇開他們是開玩笑的說說卻直接猜中的可能，應該是沒有這麼明顯的啊～想當然爾我就全招了，同時心裡開始想像接下來搥背跟煮菜的作業跟他們一五一十解說的畫面，真不愧是養我快二十年的職業父母！我在幫父母洗腳時，後面的長輩們一直看著我，當我看著他們時，我發現他們都流露出一種羨慕的眼神，媽媽要是看到了，應該會很驕傲吧！

作業二：幫爸媽按摩心得報告

- 從小就看著媽媽的身影不斷地忙進忙出，一大早就出門工作，晚上回來還要照顧全家老小。如此艱辛著，卻不受家裡長輩喜愛，更因爸爸經商失敗，背上了龐大債務，但她卻始終教導著我正面、樂觀的觀念，也讓我養成了正確的價值觀。看著辛苦的她，想讓她知道我有多心疼她，卻始終說不出口，而正好藉此機會，雖然沒有窩心的言語，但隨著小心翼翼的按揉著，誠心地希望能紓緩她的疲勞與壓力。透過這樣的按摩，經由手掌與手指的碰觸，感受她緊繃的肩膀上承受的苦楚辛酸，想起了這二十年來對我的照顧，這份恩情，是即便一輩子也償還不完的。而就從這次按摩開始，我每天都要盡力活得健康快樂，以報答她的恩情與辛苦！

- 這週回家的時候，剛好我父親身體不適，其實並沒有感冒，但卻有一種說不出的、不舒服的感覺。於是趁著這個機會可以將老師出的作業完成，也可以好好地幫我父親放鬆一下身體。在按摩的過程中，我發現到，父親最近或許是因為工作壓力過大，以及睡眠品質不佳，肩頸處於一種不自覺收縮的僵硬狀態。我費了很大的努力才讓其稍微放鬆下來。

- 這份作業或許能夠讓我對自己的家人在親情上多加分，也讓我內心想表達的，有方式能夠表現出來；而回頭想想，人長大之後，雖然得到的東西變多了，但失去的也變多了。或許是自己還放不夠開，一件小時候能夠隨時想做就做的事——幫媽媽按摩，卻要在某種理由上才敢行動。

作業二：幫爸媽按摩心得報告

- 幫爸比按摩時，我發現我的爸爸有著厚實的肩膀，難怪能扛起我們一家人的責任。按摩促進血液循環，配上一杯溫開水，可以說感覺更舒適了呢！我想告訴爸爸，謝謝你那厚實有能力的肩膀，那麼努力地照顧我們一家人，我愛你！爸爸說：第一次讓女兒抓龍，還滿享受的，人生在世能夠體驗親子關係的互動，其實也不錯，若不是為了應付報告，天天來兩下一定更有感覺。

- 這學期剛好選了經絡按摩的通識課，起初動機是想與父母交流筋絡按摩、穴位按摩，沒想到老師出了幫父母按摩的作業，剛好可以利用所學幫母親按摩。這次按摩與以往不同的是，以前母親是哪邊痠痛按摩哪邊，我將通識課所學的運用在母親身上，發現原來辛勞的母親肩膀肌肉是這麼緊繃、這麼硬，我試著將母親的肌肉放鬆、按摩、拍打，加速身體代謝，以及彈筋。雖然過程中為母親帶來不少疼痛感，但摸摸母親放鬆的肩頸肌肉，額外的有成就感，甚至與母親開始討論在課程中所學的穴位，雖然不是很熟練，我的成長也前進一步。可惜的是這次沒幫互動較少的父親按摩，下次有機會一定要幫辛勞的父親按摩。

- 現在很少有和父母那麼親密的接觸，也才發現歲月和辛勞已在他們的身上留下痕跡，但是並不會因此而嫌棄，那都是他們愛我們的足跡。每個人都會老，就像機器用舊了也會壞，而在未來，就是該我們這些晚輩們，好好地孝順曾經為我們付出一切的爸媽、家人、長輩。

作業三：健康蔬食救地球大餐心得報告

- 經過這次的經驗，我深深體驗到媽媽的辛苦。廚房真的是一個很熱的地方，炒菜時熱氣都直接撲到臉上，像是炙熱地獄一樣，而且因為第一次下廚很不熟練，還被鍋子燙到，煮一頓晚餐真的就像是打仗一樣，媽媽真的很偉大。不過煮完飯，看到家人滿足的表情，和聽到他們稱讚的聲音，就覺得一切是值得的。很謝謝老師出這項作業，讓我有這樣的體驗。

- 對我而言，煮菜真的是難得的經驗。一到家，就要先把蔬菜拿去洗，在這過程，我只覺得腰痠背痛、辛苦；之後媽媽交待好注意事項後，就開始屬於我的創意料理。媽媽在旁邊膽顫心驚，因為我切菜的姿勢，儼然像走在高空鋼索上，深怕一個不小心就割傷自己的手！

- 作業中與家人互動的照片，是陪我走過這一學期的最大動力！每次心情不好，打開手機看著照片，嘴角微微上揚了，眼淚卻也留了下來。經過一次次和家人互動的作業，我和爸爸的關係也越來越好了。有天要回學校時，爸爸牽起我的手，陪我去搭高鐵，一路上我強忍者眼淚，卻在上車的那一刻，我終於崩潰了！不是捨不得回台北，也不是捨不得爸爸，而是十九年來，這是我有記憶以來，爸爸第一次牽起我的手……

作業四：上山學藝心得報告

- 老師帶我們認識華梵這個美麗又難得的地方，很少人有機會在求學過程能到鳥語花香的漂亮、寧靜山中上學，我會好好把握這別人沒有的機會的。

- 我很喜歡大家一起去校園爬山，有幫助我改善體能，菸也抽得很少了，謝謝老師幫助加強我戒菸的決心。回家後老師說要寫華梵故事，我覺得這是一個記錄生活的方式。上了大學之後，就一直處於徬徨狀態，但是不知為什麼，老師講話會讓人覺得平靜。

學生真情按讚！

- 原先我聽到課程名稱，以為任課老師會是一位和尚，且上課的內容會非常枯燥。但實際上卻非如此，任課老師竟然是一位公認的活佛，活佛老師好帥，很有個人魅力，話都會說到學生的心坎裡，讓我感到非常幸運。

- 我一開始以為這是一門說教課，又無聊又浪費時間，打算常翹課。但來上幾次後發現自己被幫助到，看看許多人努力地活著，自己好手好腳，真不該浪費時間與父母的錢，不認真的過生活，讓我對自己重新反省，課堂上的收穫讓我提升了學習意願。

- 還以為這門課就是給我們一疊厚厚的講義來睡覺的，沒想到會那麼有意思，以自發覺知的方式，讓我體會生活，著實成長不少，作業又那麼有意義，請老師千萬不要放棄來這裡的學生。

- 老師，「活佛」尊稱果然名不虛傳，跟大家相處融洽，在你的親和力下，我想我真的成功地開發了我的小腦袋，對未來更有目標與自信。很榮幸能選上你的課，謝謝！

- 訝異地知道老師是活佛時，心想又要度過一學期無聊的課，一度想退選，但實際上過才發現老師上課很有趣，每堂都是自我成長的空間，激發我們的創意，真是出奇的好。

- 上活佛的課真的很開心，老師講話不疾不徐，細細思考都有人生哲理，教材太感人，我都看到哭，對心靈是很好的淨化，您真是一個能讓同學投入並喜歡課程的認真老師。

學生真情按讚！

- 越是啟發性的課越難上，老師豐富的準備、生動活潑的教學，常能引發大家的同理心，我覺得很棒，比我預期的更好。老師對每個同學都相當尊重，笑容和藹可親，拉近彼此不少距離，您在課堂上對學生的用語方式，是我需要學習的。
- 不管台下有多少人在認真聽課，您都做到了一位老師該有的樣子，脾氣超好又不會臭臉相向地教學自如，真的很厲害，讓我在人際、身心與自我控管都受益良多。
- 老師教的「時間管理」真的很好用，真的如實做了以後，改變我生活計畫的製定，讓我不再像無頭蒼蠅一樣「瞎忙」，省下很多不必要浪費的時間，效率大有提升，覺得是時候規畫自己的人生了。
- 很感謝老師讓我體驗志工的活動，老實說寫一堆報告還不如實際做。老師的啟發讓我收起了以前不懂事的叛逆，產生正面能量，給予我樂觀的態度和生命觀。
- 多虧你的幽默，上課才沒那麼無聊，讓我輕鬆愉快、沒有壓力的從另種角度增進了許多常識、知識與遠見，意外的有趣不死板，讓我知道世界上還有很多角落的人需要幫助，我很幸福，要知足。
- 有一段時間我因為感情的問題心情低落，但看到老師的笑臉就覺得心情好很多、很溫暖，使我無形中將一些煩惱排除，理性的思考過程變快。
- 這是第三次選老師的課了，發現活佛的課一直在改變，進度愈來愈流暢。不知為何，每次來上課，心情、情緒都特別平穩，不會那麼煩燥，讓我懂得放開心胸去面對世界的態度。

學生真情按讚！

- 老師教的在一般考試可能用不上，但未來人生中一定會用到，謝謝活佛！

- 墮胎影片印象最深刻，平常其實不會接觸到這些事，所以缺乏觀念。以後身旁有人懷孕要墮胎，我也可以告訴她，這會傷害自己、傷害胎兒。

- 看著老師請來演講的漸凍人說的每一字、每一句，都是用生命去表達出來的，當下我真的有落淚，讓我們真實感受到疾病的痛苦還有生命的寶貴。

- 老師讓我們內心喊話以及將自己深處負面、正面情緒都宣洩出來，這是我很喜歡的課程內容。雖然本身也是 3C 中毒者，但是到了上課時間，會被課程內容吸引，比如說兩人對立衝突時，對另一方表現不開心的態度時，會讓人去思考往後處理事情的方式和態度當如何。每次上課我都非常期待。

- 「食禪」讓我從實務上去重新認知那些習以為常的味道，不僅是對禪修者，對美食家更是如此。把這種認知運用到生活上，才算是學有所成。

- 沒有一堂課是沒有意義的，只有是否愧對這堂課的人。

- 每次做完靜坐練習都豁然開朗，對生活又充滿希望。我還把靜坐方法介紹給英文口語班的同學，作為一次口語練習作業，自己翻譯成英文後說出來，外籍教師居然說他也練習靜坐呢。

學生真情按讚！

- 我喜歡憂鬱症單元，因為周遭朋友有這樣的問題，如此我更知道如何幫助他們。感謝老師讓我們會開始注意自己的身體和心理。

- 老師說：「同學們可以回去練習不要對家人生氣。」這學期結束，我覺得我有慢慢在進步。所以就算課程將要結束，我也不會忘記練習。其實我大一到這學期都有在諮商，也很依賴諮商師，這學期諮商師即將離開學校，我的諮商也結束了，我告訴諮商師我會好好照顧自己。修這門課讓我發現自己的內心，學會照顧自己的情緒，謝謝老師給了我這麼多照顧自己的方法。

- 因為做了那些作業，讓我和家人的關係變更好了，他們也覺得我更懂事了，之前跟家人都不會講話，超級不熟，現在狀況改善很多。還有台灣對動物保育有待加強，不應該這麼粗魯，即使是豬，我們還是得尊重牠的生命。看完這個影片，我就常去素食餐廳，很少吃肉。

- 讓我多了份同理心，也對弱勢族群多了一些救助的想法。感謝老師用心教導，您的課能驅使我的惻隱之心。

- 每一次上課就對世界多一點了解，雖然有些畫面慘不忍睹，但這就是現實，發生在大家身邊的事實。老師的課能讓我挑戰自己沒做過的事，謝謝老師出的作業，雖然很有挑戰性，但透過動手做，才體會到爸媽的辛苦。透過老師的介紹，對身處的世界有更深入的瞭解，也對自己的心態更瞭解，要有所改變，不再只是抱怨。

國家圖書館出版品預行編目資料

活佛老師說：覺知，要趁早。轉念，路就寬。/ 巴麥欽哲仁波切•黃英傑著. -- 初版. -- 臺北市：商周出版：家庭傳媒城邦分公司發行, 2015.02
面； 公分

ISBN 978-986-272-741-6（平裝）

1. 佛教修持 2. 生活指導

225.87 104000334

活佛老師說：覺知，要趁早。轉念，路就寬。

作　　者 / 巴麥欽哲仁波切・黃英傑
文字整理 / 于蕙敏
企劃選書 / 徐藍萍
責任編輯 / 徐藍萍

版　　權 / 翁靜如、吳亭儀
行銷業務 / 林秀津、何學文
副總編輯 / 徐藍萍
總 經 理 / 彭之琬
發 行 人 / 何飛鵬
法律顧問 / 台英國際商務法律事務所 羅明通律師
出　　版 / 商周出版
台北市104民生東路二段141號9樓
電話：(02) 25007008　傳眞：(02)25007759
E-mail：bwp.service@cite.com.tw
Blog：http://bwp25007008.pixnet.net/blog
發　　行 / 英屬蓋曼群島商家庭傳媒股份有限公司 城邦分公司
台北市中山區民生東路二段141號2樓
書虫客服服務專線：02-25007718；25007719
服務時間：週一至週五上午 09:30-12:00；下午 13:30-17:00
24 小時傳眞專線：02-25001990；25001991
劃撥帳號：19863813；戶名：書虫股份有限公司
讀者服務信箱：service@readingclub.com.tw
城邦讀書花園：www.cite.com.tw
香港發行所 / 城邦（香港）出版集團有限公司
香港灣仔駱克道193號東超商業中心1樓；E-mail：hkcite@biznetvigator.com
電話：(852) 25086231　傳眞：(852) 25789337
馬新發行所 / 城邦（馬新）出版集團 Cite (M) Sdn. Bhd.
41, Jalan Radin Anum, Bandar Baru Sri Petaling, 57000 Kuala Lumpur, Malaysia.
Tel: (603) 90578822　Fax: (603) 90576622　Email: cite@cite.com.my

封面設計 / 張燕儀
排　　版 / 極翔企業有限公司
印　　刷 / 卡樂製版印刷事業有限公司
總 經 銷 / 高見文化行銷股份有限公司　新北市樹林區佳園路二段70-1號
電話：(02)2668-9005　傳眞：(02)2668-9790　客服專線：0800-055-365

■2015年2月2日初版
2021年5月14日初版5刷
定價300元

Printed in Taiwan

城邦讀書花園
www.cite.com.tw

 ISBN 978-986-272-741-6